体育礼仪理论与实践

游战澜 著

天津出版传媒集团
天津科学技术出版社

图书在版编目(CIP)数据

体育礼仪理论与实践 / 游战澜著. -- 天津 : 天津科学技术出版社, 2020.7

ISBN 978-7-5576-8426-6

Ⅰ. ①体… Ⅱ. ①游… Ⅲ. ①体育-礼仪-研究 Ⅳ. ①G80-05

中国版本图书馆 CIP 数据核字(2020)第 120464 号

体育礼仪理论与实践

TIYU LIYI LILUN YU SHIJIAN

责任编辑:韩 瑞

出 版:天津出版传媒集团 / 天津科学技术出版社

地 址:天津市西康路 35 号

邮 编:300051

电 话:(022)23332390

网 址:www.tjkjcbs.com.cn

发 行:新华书店经销

印 刷:河北文盛印刷有限公司

开本 710×1000 1/16 印张 14 字数 240 000

2020 年 7 月第 1 版 2022 年 8 月第 2 次印刷

定价:58.00 元

目 录

第一节　现代体育礼仪的形成

一、现代体育礼仪的概念

现代体育礼仪是指人们在体育活动中，以道德为核心，按一定的程序和规则来表现公平竞争、律己敬人的行为准则和规范，它是现代体育文明的重要标志。现代体育礼仪的内涵是以文明和道德风尚来捍卫和弘扬“相互了解、友谊、团结和公平竞争”的体育精神。在体育活动中，现代体育礼仪主要通过体育仪式、体育标识、赛场规范和与体育活动人员相关的各种礼貌礼节等形式来体现。

二、现代体育礼仪的形成与发展

礼仪是一种世界性的文化现象，体育作为人类社会文化的重要组成部分，从一开始便受到礼仪的影响。东西方体育发展史表明，文明孕育了体育，体育又推动着文明，而体育文明最重要的表现形式之一就是体育礼仪。

在古代的中国，由于军事、祭祀、朝会大典及礼治的需要，早在夏商周时期就形成了以体育为主的崇武教育。由于礼是古代中国最基本的社会现象，是中国传统文化的核心，同时中国古代把体育纳入教育的时间相对较早，所以整个中国古代体育文化的发展一直接受着礼的影响。中国古代伟大的教育家、思想家、儒家学派创始人孔子主张：“志于道，据于德，依于仁，游于艺。”（《论语·述而》）意思是要立志于道，笃守于德，归依于仁，活动于礼、乐、射、御、书、数六艺，强调做人要重视全面修习，达成“道”“德”“仁”“艺”。这种思想含有注重德育、智育、体育的因素。孔子教导学生比射时，既要力争胜利，又要讲究礼让——“君子无所争，必也言射乎？揖让而升，下而饮，其争也君子。”（《论语·八佾》）意思是说：“君子没有什么东西可去争抢，如果一定说有的话，那就是比赛射箭的时候吧。但也会相互作揖礼让后登台，下场后还要互相敬酒。这种‘争’也显

第一章 概 述

体育是人类社会文化最重要的组成部分之一,体育发展的最终目的是促进体育文明来推动社会的发展。体育文明有着深厚的精神内涵和精美的外在表现:“相互了解、友谊、团结和公平竞争”是体育文明的精髓;“和谐、秩序和尊重”是体育文明的表象,而这些表象在赛场上的具体呈现就是一系列悦人耳目的体育礼仪。

礼仪属于道德范畴,是中国传统文化的核心,是建立和谐社会的重要基础。我国古代《礼记·曲礼》就有这样的论述:“道德仁义,非礼不成;教训正俗,非礼不备;分争辩讼,非礼不决;君臣,上下,父子,兄弟,非礼不定;宦学事师,非礼不亲;班朝治军,莅官行法,非礼威严不行;祷祠祭祀,供给鬼神,非礼不诚不庄。”大意为道德为万事之本,仁义为群行之大,人要施行道德仁义四事,不用礼则无由得成,要通过教人师法、训说义理,来端正其乡风民俗,不得其礼就不能备具;争讼之事,不用礼则难以决断;君臣、上下、父子、兄弟等等的上下、先后之位,也必须根据礼才能确定;从师学习仕官与六艺之事,没有礼就不能亲近;班朝治军、莅官行法,只有用礼,才有威严可行;祷祠祭祀、供给鬼神,也只有依礼而行才能诚敬。所以,礼是决定人伦关系、明辨是非的标准,是道德仁义的规范。礼不仅是一种思想,而且还是一系列行为的具体规则,它不仅制约着社会的伦理道德,而且还制约着人们的生活行为。有礼,才使整个社会生活秩序化、和谐化。

体育运动会可以看作是由运动员、教练员、裁判员、各类工作人员以及观众组成的临时社会,其中蕴含着群体与个体、交往与沟通、竞争与协作、应变与创新等诸多社会文化因素。体育礼仪在这个社会中起着重要的教育、维系、协调和审美等作用。

示出君子的风度。”这似乎全面解释了现代奥林匹克名言——“重要的是参加，而不是取胜”的体育精神。

在古代中国教育体系中，体育，不论是“宫廷体育”还是“民间娱乐”，都有一个程式或规则来体现体育文化中的“礼”。例如，流传后世的“礼射”（公元前11世纪至公元前771年在各种礼仪场合举行的射箭活动）严格按照礼仪规范进行，并在音乐的伴奏下完成各种动作，是体育与礼仪文化、教育和艺术相结合的典范。体现蹴鞠比赛规则的《鞠城铭》中的“其例有常”是说比赛始终有一个稳定的竞赛规则，比赛双方都必须按照规则来进行，必须合乎竞赛的“礼”，而其中有关对裁判员和运动员道德作风要求的记载，也说明了我国古代对体育活动人员行为规范的重视。还有据元朝宁志斋老人编写的专门论述捶丸的著作《丸经》记载，古代盛行的捶丸游戏将道德品质摆在非常重要的位置，游戏的最终目的是为了修身养性，要求在游戏中对人友善，语言和蔼，不可因为技术高超就孤傲逞能，举止浅薄；比赛中要按尊卑长幼的秩序，做到屡胜而不傲，屡败而不怒，心要静定，志欲宁适，气要温和，体要安舒，容止端庄，语言简当等等。这些都对后世体育礼仪的发展产生了深远的影响。

西方体育是在公元前8世纪至公元前5世纪的古希腊开始形成的。古希腊由城邦组成，战乱连绵，各城邦为了战争都积极训练士兵，体育是培养能征善战士兵的有力手段。后来，斯巴达王和伊利斯王签订了“神圣休战月”条约，为准备兵源的军事训练和体育竞技逐渐变为倡导和平与友谊的运动会。古希腊是泛神论的民族，他们崇拜诸神。在祭神活动中，人们多以表现健康的裸体竞技和表现美的健身舞蹈与神同欢。这种宗教活动按一定的程式和规则逐渐演变成地方性竞技赛会。

从世界体育运动的发展史可以看出，体育活动一开始是带有政治和宗教色彩的，在表现形式上遵从某种程式或神圣的礼节。随着社会的发展和文明的进步，体育在为政治和宗教服务的同时，逐渐走向了自我发展的道路，竞技体育开始规范化和专业化，并纳入一系列规则和包括观众在内的各种不同形式的礼仪程式规范，最终形成了独具特色的现代体育文化和礼仪。

现代体育礼仪促进了体育文明。能对现代体育礼仪作充分诠释的，当属现代奥林匹克运动会，经过一百多年发展的奥运会已经成为展示一个国家精神文明和礼仪文化的舞台。无论是隆重的开闭幕式、火炬传送仪式、优胜者游行、欢宴、接受桂冠等仪式，还是各个比赛项目独特的赛场文化，礼仪无处不在，并已经成为奥林匹克体育运动不可分割的一部分。

现代社会经济、科技和教育的进步使体育规模和范围不断扩大，内容和形式愈加丰富多彩。交织在体育仪式、竞技、规则和观赏各方面的现代体育礼仪也在不断发展，并极大地促进了体育在力、美与激情上的和谐统一。

三、现代体育礼仪的内容

体育运动涉及各种体育礼式、各项体育比赛及各类体育活动参加人员（运动员、裁判员、教练员、观众和其他工作人员等）之间的相互关系。体育运动的特殊性决定体育礼仪与其他活动礼仪的不同。总的来说，现代体育礼仪包含三方面的内容：一是在一定场合举行的体育仪式，如火炬接力仪式、开幕仪式、颁奖仪式、闭幕仪式等；二是体育活动人员在体育活动中应该具有的仪容仪表、行为举止、服饰、语言及礼貌礼节上的礼仪规范；三是能够形象地体现体育活动的价值取向和文化内涵的各类体育标识。

第二节　现代体育礼仪的功能

一、促进和谐功能

现代体育礼仪作为一种体育文化，其根本意义是尊重参与体育运动中的每一个人。体育运动是群众性活动，所以参加的人不可避免地存在着各种差异，特别是大型国际赛事，来自各国的运动员、教练员、裁判员和观众的肤色、衣着、语言、生活习惯以及行为表达方式等都不尽相同。如果大家都懂礼仪、知礼仪、行礼仪，就能很好地协调和维系体育赛事的方方面面，从而为体育运动创造出一种和谐与友好的氛围，使体育工作者能以比较客观和公正的态度来看待别人和自己，虚心地学习别人精湛的技艺，不断丰富自己。

体育礼仪是一种道德上的规范，它告诉人们在体育活动中应该有什么样的言行举止。体育比赛激烈紧张，偶然性强，参与者的个性也比较张扬。运动员懂礼仪、自觉地践行礼仪，才能尊重裁判、遵守规程、尊重观众，从而尽最大努力展示自我风采；赛场上的工作人员，包括裁判员、记者、志愿者等懂礼仪、自觉地践行礼仪，才能做到训练有素、行为得体；观众懂礼仪、自觉地践行礼仪，才能按体育项目的要求做到文明观赛。所以，倡导体育礼仪是创建赛场文明与和谐不可缺少的因素。

二、塑造形象功能

体育礼仪的精神内涵是道德修养，外在表现是一系列的规范举止，塑造内外兼修的良好形象是体育礼仪的最终目的。体育运动的各种礼仪都是某种形象的展示。例如，奥运会的开闭幕式，它的礼仪表现反映了东道国的精神面貌和文化底蕴；在赛场上，运动员、教练员和观众的礼仪表现反映出的是他们的素质高低，也间接反映了他们所在国家的文明程度。所以我们说，当运动员代表国家出现在国际体坛上时，他已不仅仅是一名运动员，而是一名传播民族精神文明的使者，他的一举一动都在影响着国家的形象和声誉，知礼、懂礼、行礼才能塑造良好形象。

三、感召教化功能

体育是现代社会人们最热衷的文化活动之一，体育礼仪作为体育活动的重要组成部分，对社会具有强大的感召和教育功效。事实证明，一次大型的国际体育盛会特别是奥运会的举办，对一个国家来说是一次精神上的洗礼。如为了成功举办2008年北京奥运会,早在2001年7月13日北京申奥成功开始,中国就进入了一个奥运周期年。在这个周期年里,中国政府围绕“如何成功举办第二十九届北京奥运会”这一主题有计划地采取了一系列的措施:包括对“绿色奥运、科技奥运、人文奥运”举办理念的宣传,对国民进行“奥林匹克”知识的教育,对奥运会会徽、会标、吉祥物等的征集与宣传,以及大规模的市民礼仪探讨和教育等等。这些活动对普及奥运知识,提升全民道德素养等都起到了积极的作用。

事实上,在大型赛事的筹备和举行过程中都蕴含着丰富的体育礼仪。为了确保比赛成功,举办国会在赛事前期向社会推行和普及体育礼仪知识,而体育礼仪蕴含着的是对人的发展具有启迪和影响作用的有价值的思想、作风和意识,如个人行为的规范化、责任感,运动员与同伴的合作精神,以及怎样公正地看待问题、遵守规则等等。体育礼仪正是通过赛场这一特定赛事对整个社会进行文明教化。另外,体育工作者们在赛场上表现出来的礼仪修养对社会也具有较大的影响力,特别是作为公众人物的体坛明星,他们的言行举止对社会公众的示范效应和导向作用是有目共睹的。

第二章　体育活动人员形象礼仪

体育运动不同于其他社会活动,不但涉及的人比较多,而且人员的构成也比较复杂。特别是在大型国际赛事中,不同国家和地区的运动员、教练员、裁判员和观众等聚在一起,形成了一个临时大家庭,在一起生活,在一起工作、比赛和参加各种社会活动。这时,如果能把握体育运动礼仪的基本要求,遵循相应的基本原则,就能更好地加强相互间的交往和增进彼此间的友谊,进而成功地开展体育竞赛。体育运动的基本礼仪主要是通过参加体育活动人员的形象礼仪和交际礼仪体现出来的,体育活动人员的形象礼仪包括体育活动人员的仪容、服饰、仪态、语言等诸多方面。

第一节　仪容礼仪

仪容是指人的容貌和外表,是一个人精神面貌的外观体现,具体来说是人的头发、面部、手等方面的外在表现。在社会活动中,人的仪容是首先被他人所关注的并能影响到个人的整体形象。美观大方的仪容不但能体现出个人的自尊自爱,也能表达出对他人的尊重和礼貌。因此,每个人都要注重仪容之美。仪容美对参加体育活动人员的总体要求是干净整洁,适度修饰,生动自然,能体现出体育运动的生命活力。

一、干净整洁

仪容的干净整洁是仪容美的最基本条件。在清洁仪容时,应注意"面面俱到",切勿一带而过,敷衍了事。具体地说,仪容的干净整洁主要包括:头发清洁健康,无头皮屑,无异味;面部要时刻保持干净清爽,无汗渍和油污等不洁之物;要时刻注意自己面容的健康状况,防止由于个人不讲究卫生而使面部经常疙疙瘩瘩;眼部无眼屎;耳部无耳垢;鼻内无鼻涕,鼻毛无外露;牙齿洁白,口腔无食物残渣、无异味;手和手指甲应随时保持清洁,养成经常剪指甲的好习惯,不留长指甲。

二、适度修饰

仪容的适度修饰是指依照社会规范与个人条件,对仪容进行必要的修饰,扬其长,避其短,以设计、塑造出美好的个人形象。

(一)发型

发型是构成仪容美的重要内容。发型要与个人的职业、身高、脸型和性格等相适宜。一般来说,男士头发不应盖过耳部,不触及后衣领,也不要烫发;女士可选择齐耳式的直发或稍长微曲的长发,头发不应遮住脸部,前面刘海不要过低。不论男女都要经常对头发做洗、剪、吹等护理,保持发型美观。在正式社交场合,男女运动员都不可以将头发染成与原色不同的颜色。

从体育运动的特点来看,运动员的发型以短发最为适宜(体操、艺术体操、花样游泳等少数项目除外)。短发也有很多类型,运动员可根据自身条件进行合理的设计,以体现个人发型的美感和体育运动的节奏感。近几年来,一些国际体育明星在赛场上的发型被人们广泛议论,有的甚至被传为佳话。全球著名美发专家路易斯·里卡里就曾说过:“运动员不得不服从于比赛规定,所以他们在服装上下功夫的机会远没有在发型上多。在他们看来,独特的发型可以带来更多的好处。”独特的发型确实能带来个人心情的改变,但运动员的发型最好不要太怪异。

(二)修面

如果没有特殊的宗教信仰和民族习惯,男士不要留胡须,而且还要养成每日剃须的习惯,以保持面部整洁。无论男女,都要经常留意及修剪鼻毛及耳毛,使其不外露。

(三)化妆

化妆是用化妆品对个人进行修饰和打扮,以更好地展现个人风采。化妆应遵循自然协调、美观大方的基本原则。自然协调是指化妆看上去是自然的,没有过度人工美化的痕迹,而且与个人的自身状况、所在的场合以及在场合中所扮演的角色相协调。美观大方是指化妆后的仪容应该是清新雅致、端庄大方的。

在社交场合,体育活动人员应以淡妆为主,自然清新是最高境界,切忌浓妆艳抹。在赛场上,运动员也可做适当的化妆修饰,特别像在体操、艺术体操、花样游泳等比赛项目上,适当的化妆可以向观众展示运动员人体全面的美。但对一些运动量比较大的体育项目,由于在比赛过程中运动员会流大量的汗水,就不宜做过多的面部化妆。

三、生动自然

体育运动是充满活力的,所以,无论在什么场合,体育活动人员展现给人们的应该是生动自然、散发着运动气息和生命活力的面容,而不应该是一张茫然、呆板甚至冰冷的面孔。要做到这些,体育活动人员就要努力培养对生活豁达乐观的态度和充满自信的心理品质,无论是成功还是暂时的失败,都要以积极的心态面对。另外,体育活动人员还应努力学习,不断提高个人的文化素养和思想道德水准,培养高雅的气质与美好的心灵,使自己秀外慧中,表里如一。

第二节　服饰礼仪

服饰是人体形的外延,包括衣、裤、裙、帽、袜、鞋、手套及各类饰物,它们一同起着遮体御寒、美化人类的作用。服饰又是一种无声的语言,可以显示出穿戴者的个性、身份、文化修养、审美情趣和个人归属等多种信息。正如莎士比亚所说:“服饰往往可以表现人格。”在社会交往中,人们不仅通过服饰来判别对方的身份,并进一步来判别对方是否属于自己可以交往的对象,而且还经常通过服饰来判断对方的态度以及修养。在人们相互交往中,一身赏心悦目的服饰传递的是对他人尊重的信息;反之,一个人的服饰让人看了觉得别扭、不舒服,则传递出的信息是对他人的不尊重。因此,人们习惯把穿着得体的人称为彬彬有礼者。鉴于服饰的重要性,无论在运动场上还是在社交场合,每一个参加体育活动的人员都要懂得服饰礼仪。

一、服饰礼仪的基本原则

(一)整洁

整洁是服饰礼仪对穿着的最基本要求。无论在何种场合,着装都要力求清洁、整齐、挺括,避免肮脏或邋遢。整洁主要体现在三个方面:一是着装要干净。对于各类服装,都要勤于换洗,服装上不应存在明显的汗渍、污渍、油迹,衣领、袖口要时刻保持干净,皮鞋应光亮无尘。二是着装要平整。任何服装在穿着前都应该熨烫平整,避免又折又皱。三是着装要规范。对于任何一款服装,都应按服装本身规范来穿着,如在正式场合男士穿西服必须打领带,双排扣西服应把扣子都扣好,穿长袖衬衣时,要将前后摆塞在裤内,袖口不要卷起;女士穿西服套裤(裙)或旗袍时,不能光腿或穿彩色丝袜、短袜等。另外,着装规范也意味着服装不能又残又破,乱打补丁。

(二)合适

合适是指服饰的选择应与穿戴者的肤色、形体、年龄等自身条件相适应。只要不是规定性着装,服饰的选择就要因人而异,通过服饰来显示着装者所长,遮掩所短,以呈现个人最佳风貌。例如,肤色较深的人,就不宜着颜色过深或过浅的服装,而应选用与肤色对比不明显的服装;皮肤发黄的人,不宜选用半黄色、土黄色、灰色的服装,否则会显得精神不振和无精打采;脸色苍白的人不宜着绿色服装,否则会使脸色更显病态;体形瘦小的人适合穿色彩明、亮度高的浅色服装,这样显得丰满;形体较胖的人不宜穿明亮的或带有横格子的衣服;中年女性不能像少女一样穿超短裙等。饰物的使用也要合适,不宜过多过杂,要与衣服相匹配,要符合个人身份。值得注意的是,饰物不是炫耀,饰物的作用在于能起到画龙点睛和协调整体的效果。

(三)合时

合时主要是指服饰的选择要与穿戴者所处的环境、场合和季节相协调。人在社会中的角色是多层次的,因此要根据不同场合选择不同的着装,以满足担当不同社会角色的需要。比如,运动员在赛场上必须穿比赛项目所规定的服装;在重大的宴会、庆典和会见场合,应该穿礼服;在一般的社交场合或日常交往时,可以穿西装或便服;在参加各种联谊活动时,可以穿较时尚的便服等。

在出国比赛时,运动员和教练员会经常参加一些涉外活动。如果活动组织者所发请柬上注有着装要求,参加者就应按规定着装。即使组织者没有提出具体的着装规定,参加者也应穿着较正式的服装。

(四)文明

着装是人类进入文明时代的重要标志。除了在竞技场上有特殊的着装要求外,在公共场所和社交场合,运动员和体育工作者都要努力做到文明着装。文明着装是指着装要符合社会道德规范,主要体现在以下几个方面:一是不要穿过于暴露的服装。在正式场合,不要穿袒胸露背的服装,在大庭广众之前打赤膊,则更在禁止之列。二是不要穿过于透明的服装。三是不要穿过短的服装。不要为了标新立异,而穿着小一号的服装,更不要在正式场合穿短裤、小背心、超短裙这类过短的服装。四是不要穿过紧的服装。不要为了展示自己的身体线条而有意选择过于紧身的服装。

二、运动场上的服饰礼仪

服饰是运动场上多姿多彩的一道风景,无论是开幕式的集体服饰、运动员的比赛服、裁判员的工作服,还是看台上观众的服饰,都会被人们所注目。体育服饰是体育精神与文化元素相结合的产物,它所彰显的是人类的文明与进步。

（一）体育服饰的时尚性

体育服饰是随着时代的发展而变化的,体育服饰的艺术创意应紧随时代的脉搏,以时尚和美观来展示体育运动的生命力。

在古希腊“力的时代”,运动员都是男性,他们是赤裸着身体参加竞技的。那时候,运动员健美的肌肉就是最好的服饰。1900 年第二届巴黎奥运会首次出现了女运动员的身影,奥运服饰开始多样化。从 1964 年东京奥运会开始,运动服饰便以时尚的姿态走进了人们的日常生活。在百年轮回的雅典奥运会上,服装时尚已经成了一大看点:很多参赛国甚至准备了 5 套不同的统一服装,分别作为开幕式、闭幕式、比赛、领奖和休闲时使用。在女子垒球等项目的赛场,意大利等队对传统的“棒球服”做了无袖改良。跳水比赛各国的泳装更是争奇斗艳,东道主希腊用国旗上经典的蓝白两色设计的泳装获得好评;中国女跳水运动员身穿宝石蓝色泳装,领口配有一圈朦朦胧胧、宽窄不一的云纹图案使运动员更加典雅大方;更有个别国家在双人跳水项目上选择了两名选手泳装不完全相同,但图案相互呼应的设计手法,显得非常新颖。在当今的体育赛事上,参赛运动员的服饰文化已成为一道亮丽的风景。

（二）体育服饰的民族性

大型国际体育赛事的开幕式、闭幕式、颁奖仪式等都是万众瞩目的中心,也是参赛国彰显本国服饰礼仪文化的舞台。服饰,作为一个民族或国家的一种文化承载,应该以独一无二的深厚、经典和高雅出现在这些场合中。在第二十八届雅典奥运会的开幕式上,希腊人把希腊传统服饰文化演绎到了极致:设计者巧妙地将真人装饰成大理石雕刻,又采取在导引人员的衣裙上绘上“狄奥索斯渡海”“燕子喻春”“特洛伊之战”等图纹的手法真实地再现了公元前那些优秀作品的惊人风貌,使 21 世纪的我们能有幸通过这些服饰重温古希腊独有的艺术魅力。

当然,第二十八届奥运会中最有创意的服饰是给每位获得奖牌的运动员戴上一顶植物枝叶编织的花冠。这源于一段美丽的希腊神话。达佛涅女神是河神珀纽斯的女儿。有一天,太阳神阿波罗追求她,而她想摆脱阿波罗,因此求助于父亲。河神把她变成了月桂树,阿波罗无奈,只好取其枝叶做成花冠戴在头上。事实上,在古希腊,只有战争中的英雄、竞赛的胜利者和卓越的诗人,才能戴上月桂树枝叶编成的花冠,因为它象征着智慧、勇敢及荣誉。"桂冠"今日戴在得胜者头上,不但名副其实,而且也增添了几分文化艺术的韵味。

雅典奥运会中国代表团领奖服的设计也别出心裁:名为"锦绣中华"的领奖服,其设计灵感来源于中国古代的"织锦缎",红色与蓝色的渐变巧妙地结合了国旗红和雅典蓝,宛如红日升腾于碧蓝的海面。另外,在"中国8分钟"时刻,14名中国姑娘穿着改良旗袍,用琵琶、二胡等民族乐器共同演奏《茉莉花》,把中国的传统女性服饰与优美的音乐结合在一起,给人以高雅清新之感。

(三)体育服饰的项目特色

在体育运动发展过程中,出于体育项目本身以及文明参赛和观赛的需要,不同的体育项目形成了对运动员和观众服饰穿着的特殊要求。例如,体操运动员的服饰是随着器械的不同而变化的。对于所有的男子体操项目,运动员都要穿背心,对于高器械的项目(鞍马、吊环、单杠和双杠),男运动员要穿长裤;对于低器械的项目(自由操和跳马),运动员要穿短裤。女子体操服则要求合身,服装不能过大或过小,不能暴露臀部和胸部。观众在观看网球、高尔夫球、台球、花样滑冰、击剑、壁球以及棋类等目前人们所公认的"绅士"运动时,要衣着整洁等。

(四)服饰礼仪对东道主的要求

像奥运会这样的国际体育大赛,东道主要向运动会组委会工作人员、技术官员(裁判员)和志愿者提供服装。服装在设计上要突出以下几点:一是要体现蓬勃向上的体育精神,使着装者负有使命感;二是能表现举办城市的特点、历史与愿望;三是符合着装人员不同工作岗位的功能要求,便于管理;四是具有良好的可识别性,满足运动会活动和赛事服务的需求。

第三节 仪态礼仪

优美的仪态是体现个人风度的重要方面。有些人长得一般,却因为有着优美的仪态而能给人一种风度翩翩的动态美;有些人面容亮丽、身材出众,但因仪态不雅而使其外在美受到破坏。在社会交往中,每个人都以一定仪态出现在他人面前。良好的仪态不仅给人以美感,同时还散发着个人的稳重、自信、向上、坦诚、尊重等内在的精神素养;而不良仪态传递的则是轻浮、旁观、散漫、防备、傲慢等消极的内在信息。因此,体育活动人员在公众场合,应尽量避免不良的仪态。

我国古人用"站如松、坐如钟、行如风"来规定"站、坐、行"的正确仪态。那么,如松的站姿、如钟的坐姿及如风的走姿具体是怎样的呢?

一、站姿

站姿是人们在交际场所最基本的姿态,是其他活动姿态的基础和起点。站姿应该体现出人体静态的美感,女士站姿应有亭亭玉立之美,男士站姿应有挺拔阳刚之美。

站姿的一般要求是:头正,颈挺直,双肩展开放松,人体有向上的感觉;收腹,立腰,提臀;两腿并拢,膝盖挺直,小腿向后发力,人体的重心在前脚掌。女士比较优美的站立姿态为身体微侧 45 度,脚呈丁字步,手自然下垂,如果有提包,只有一个时可提在右手,两个时要么提在一个手里,要么左挎右提;男士要抬头挺胸,目光略为垂视,双脚可叉开,与肩同宽。

交际场所要避免以下不良站姿:靠墙或靠桌站;双手叉腰或抱在胸前;马它背弓腰;身体抖动或晃动;手插入衣袋里;双脚交叉或两腿分得过开站立。另外,在站立时也不要做小动作,不要随意摆弄打火机、香烟盒,玩弄皮带、发辫等。

二、坐姿

坐姿包括从其他姿态转到入座及保持在座的姿态。良好的坐姿应该给人以端正、舒适、高雅之感。

正确坐姿的基本要领为：入座时动作要轻、稳，走到座位前，转身后，右腿后撤半步，轻稳地坐下。女士就座时，应用手将裙摆稍稍拢一下，男士则应将西服扣打开。坐在椅子上时，上体保持站姿的基本姿势，头正目平，双膝并拢，两脚平行，鞋尖方向一致，两腿自然弯曲，小腿与地面基本垂直，双脚可正放或侧放，并拢或交叠。女士的双膝必须并拢，双手自然弯曲放在膝盖或大腿上。如坐在有扶手的沙发时，男士可将双手分别搭在扶手上，而女士最好只搭一边，倚在扶手上，以显示高雅。坐在椅子上时，一般只坐满椅子的2/3，不要靠背，仅在休息时才可轻轻靠背。起立时，右腿向内回收半步，用小腿的力量将身体支起，并保持上身的直立状态。坐姿也可以上体与腿同时转向一侧，面向对方，形成优美的“S”形坐姿；还可两腿膝部交叉，脚内收与前腿膝下交叉，两脚一前一后着地，双手稍微交叉于腿上。无论采取哪种坐姿，都要做到自然、美观、大方，切不可僵直、生硬。

在社交场合应尽量避免以下一些不良坐姿：双腿不停地抖动，甚至脚跟离开鞋跟晃动；入座后二郎腿跷起，或前俯后仰；双腿搭在椅子、沙发或桌子上；两腿分得很开成“八”字型，或是“4”字型叠腿等。

三、走姿

走姿是人们在行走过程中所表现出来的姿态。正确的走姿应该是从容、轻盈、稳重。行走应体现出一种动态美，凡是协调稳健、轻松敏捷的走姿都会给人以美感。

走姿的一般要求是：眼睛平视，双肩平稳，双臂前后自然摆动且有节奏，摆幅以30~50度为宜，双肩、双臂不应过于僵硬；身体重心稍前倾，行走时左右脚重心反复地前后交替,两只脚的内侧行走的线迹为一条直线,脚印应是正对前方;步幅要适当,一般男士步幅为70厘米左右,女士略小些,但也因身高等因素可有一定的差异。着装不同,步幅也不同,如女士穿裙装(特别是旗袍、西服裙或礼服)和穿高跟鞋时,步幅应小些。跨出的步子应是脚跟先着地、膝盖不能弯曲,脚腕和膝盖要灵活,富于弹性。

不良的走姿有:走路时低着头或扬着头;腿呈内八字或外八字;弯腰驼背,摇头晃肩,扭腰摆臀;双手插在裤兜或反背于身后;跨步太大或太小,落脚太重,发出咚咚响声;两人走路勾肩搭背,多人横作一排一起走;在较窄的过道抢道先行;边走边吃或喝;与他人相距过近或尾随于他人等。

第四节　语言礼仪

语言是人类最重要的交流工具,人们通过语言来表达思想、交流情感、传递信息。语言有雅俗之分,文明的语言可以使人获得愉快的感受。在体育活动中,语言美主要体现在尊敬、友善、激励、适宜和相容等方面,在表达上主要有有声语言、无声语言、书面语言和类语言等几种类型。

一、有声语言

有声语言即通常的口头语言。口头语言具有随意性的特点,因而最能反映一个人的总体文明状况。在一般的社会交往中,口头语言涉及的礼仪很多,如讲话要看对象,话题要因人而异,讲话要适合当时的具体场景,讲话要诚实,内容要健康等等。在体育活动中,特别是在大型国际体育聚会上,体育礼仪除了对语言有以上要求外,更强调的是讲话人在讲话时要更多地使用礼貌和鼓励性语言,借以协调气氛或激励他人。礼貌和鼓励性语言有以下几种形式。

(一)问候语

问候语主要用于人们见面时的彼此问好,以表达对对方的敬意或关心之情,如大家见面时的“你好”“大家好”“上午好”等。问候语是体育活动人员特别是运动员面对观众和新闻媒体时的一种最基本的礼仪语言。需要注意的是,一些非正式问候语如“你们吃饭了吗”“大家在忙什么呢”等应尽量少用。

(二)赞赏语

赞赏语主要用于对他人行为的肯定和赞许。赞赏是最美好的语言,在体育赛场上,观众不要吝惜赞赏语。当运动员有出色的表现时,观众要给出恰当的赞赏,而且这种赞赏应该是没有国界之分的。比较常见的赞赏语有“好球!”“漂亮!”“真棒!”等。

(三)激励语

激励语是对他人释放潜在能力的一种情感上的呼唤。体育运动对抗性强,竞争激烈,运动员往往要承受来自各方面的压力。如果教练员、同伴或者观众能给予适时的激励,运动员的体能就可能会有超常的发挥,从而取得好成绩。所以激励是人超越自我的一种动力,激励语是赛场上的催化剂。你在赛场上使用如“加油,加油!”“中国队,必胜!”“你一定能赢!”等激励语激励运动员的同时,本身也得到了激励。

(四)道歉语

道歉语是指由于某种原因给他人带来不便、没能满足他人要求或打扰他人时,用语言向对方表达歉意。道歉在某种程度上是对自己的一种否定和反省。对于一般人来说,道歉往往比赞美更难出口。真诚的道歉反映了一个人更深层次的道德修养。道歉语是体育语言礼仪最重要的内容之一,因为体育运动的激烈和激情,观众与观众之间、观众与运动员之间、观众与裁判之间和运动员与运动员之间、运动员与裁判之间、教练员与教练员之间以及教练员与裁判员之间都难免会产生一些摩擦甚至过激行为,这时一声真诚的道歉往往可以化解矛盾、减少冲突。常见的道歉语有“请原谅”“对不起”“抱歉”“失礼了”等。

(五)征询语

征询语用在征求别人的意见或看法,以便提供建议或帮助,是一种积极主动的语言行为。征询语是体育志愿者最常用的礼仪语言。在体育活动中,面对有疑惑或感觉不适的人特别是外宾,能够及时地提出征询和给予一定的帮助是体育志愿者应有的文明素质。征询语在使用时要求真诚、委婉、有礼貌,不可唐突、生硬。比较常见的征询语有“我能为你做点什么吗?”“你需要帮助吗?”等等。

(六)请托语

请托语是用在请求他人帮助或委托他人代劳时的礼貌用语。人作为社会的一分子不可避免地要有求于他人,无论是寻求理解还是寻找帮助,如果能诚恳地使用请托用语,往往会收到良好的反馈效果。体育场馆经常是人的海洋,面对精彩的比赛,观众台上的人们会以各种方式抒发自己的情感,其中有些做法难免会影响他人,这时受影响的人可以使用请托语来平抑一些人的兴奋,如“请安静一点,好吗”“请不要使用闪光灯”“请坐在自己的座位上”“拜托”等等,一个诚恳的“请”字往往会比一堆命令更能让人从心理上接受。

二、无声语言

无声语言是借助身体姿态、动作和表情等的变化来传递信息、表达情感的一种不出声的伴随语言。心理学研究发现,人们在面对面的沟通过程中,有55%以上的信息是由无声语言传递的,可见无声语言在人际交往中的重要性。在社会活动中,人们要善于运用文明的、健康的无声语言,避免无声语言的低俗、猥琐,甚至下流,同时也要善于读解别人的无声语言,以达到无声胜有声的境界。值得注意的是,每一个国家和民族都有自己的语言文化习俗,无声语言也因民族而异,在某一国家或地区内一种无声语言可能十分普遍,而在另一个国家或地区内,这种语言可能毫无意义,甚至意思完全相反。所以对于经常出国参加比赛或技术交流的体育人员来说,应该了解一些国家无声语言的特点,做到入乡随俗。

由于无声语言具有瞬间表达复杂而深刻含义的功能,因而它在体育活动中的作用是显而易见的，在赛场上无声语言也就成了另一道亮丽的风景。无声语言有表情语和手势语两种类型。

（一）表情语

表情语是人内心的思想感情在脸部的表达。人的表情语有喜、怒、哀、乐等多种形式，在人际交往中，表情语应以喜和乐为主调。在体育活动中，表情语的使用也要以积极向上为主。例如，无论参赛运动员实力如何，竞争对手之间都不能有傲慢、鄙视或嘲笑对方的表情；面对赛场上奋力拼搏的运动员，场外人士应给予支持和赞许的表情。另外，运动员和观众要懂得体育运动的真谛，要始终以微笑的表情来面对成败等等。

（二）手势语

手势语是通过手的活动来传递信息的语言，具有极强和极广泛的表达力。在日常人际交往中，手势语使用的基本原则是简练鲜明、自然适度、和谐协调。手势语使用有一个禁忌，就是不能用手指点他人。手势语在体育活动中扮演着重要角色。例如，裁判员的手势无疑是赛场上最生动、最富有意义的语言，干净、利落、规范的裁判手势语总是给人以美感；运动员之间也经常用击掌这一手势语来庆祝胜利或鼓励同伴；以食指和中指竖起分开形成“V”字，也是观众用来鼓励运动员常用的手势语。

三、书面语言

书面语言是指通过文字和图形来传递信息的语言。书面语言是由文字和图形组成的，由于文字和图形在形状、大小和色彩上都具有无穷的变幻形式，因而精心制作的书面语言往往会对人们的视觉造成强烈的冲击，能起到很好的现场宣扬效果。在体育赛事上，书面语言得到了广泛的运用，人们以它神奇的魔力制造出了很多精彩纷呈的场景。例如，看台上啦啦队排着的整齐方阵或排成的某种图案和文字；观众拉起的横幅、照片以及标语牌；观众穿着的体育文化衫，脸上贴着的国旗图案等。赛场上的书面语言要以激励和适宜为出发点，图文内容要健康、简练、易懂，在表现上要活泼、醒目、有感召力，不可暴力化、幼稚化和粗俗化。

（一）横幅标语

在体育赛场上，最醒目而又能鼓舞士气的，当属随处可见的横幅标语。

横幅标语已经成为赛场上的一道风景，它们不但张扬着观众的热情与活力，也展示着制作者的文采。赛场上标语的底色应以红或黄等暖色为主，文字要清晰简练，内容上要带有明确的说服和感召目的。横幅标语要避免低俗和下流。温馨、催人振奋的标语能使运动员信心倍增，也反映了制作者的文明素养，如“×××，我们永远支持你”等标语。但像“×××，下课”“×××，是足球的罪人”等标语只能让人感到厌恶，这种标语从根本上背离了体育运动的精神，是要坚决禁止的。另外，观众还应该遵守赛场上有关横幅标语大小和尺寸等的规定。

（二）观赛造型

观赛造型是观众以人体和各种道具所组成的赛场景观。大型赛场内的观赛造型可以分为观众集体造型和观众个人造型两种。

观众集体造型有人浪、集体传递和组字等。人浪是一种常见于体育活动尤其是球类运动中现场观众自发在观众席上进行的游戏，观众席上的观众依照顺序起立再坐下，呈现类似波浪的效果。集体传递是观众在看台上传递一件大型物品，有时传递的是巨型的旗帜，有时传递的是硕大的球衣。组字就是观众利用不同的服装颜色，组成一定的表情达意的字样。

观众集体造型在比赛场中是最富感染力的，如在 1978 年世界杯足球决赛上，看台上的球迷抛下的如雪花般的纸片；在 1986 年墨西哥世界杯上，墨西哥球迷制造的激动人心的人浪造型；在 2002 年世界杯上，韩国红魔啦啦队响起的整齐口号和有节奏地击掌等等，这些场面到现在还让人们记忆犹新。观众集体造型体现了同心协力的团队精神，是值得提倡的一种加油助威形式。但观众集体造型的内容要健康，要弘扬一种积极向上、文明进步的精神，在表现上要和谐有序，而且由于在球场有限的空间里，完成这样庞大的集体表演，安全一定要给予足够的重视。有些看台集体表演项目需要在统一的组织下进行,这样会更有秩序,质量更高,取得的效果也会更好。

个人造型是指个体标志性的装扮造型和看台表演,个人造型也是赛场中的一道不可或缺的景观。相对而言,个人造型有着较大的自我表现空间,媒体和舆论也对其有着较大的包容度。但是,个人造型要符合现代社会的审美观和道德伦理观,不要袒胸露背或装束怪诞离奇,甚至不伦不类,也不要一味追求标新立异,与众不同。

四、类语言

类语言是一种有声音没有词语,但有一定语义的语言,包括声音要素和功能性发声。如赛场上的欢呼声、吹嘘声、叹息声等。另外,掌声、器乐(如锣鼓)声等也算是类语言。

在赛场上,无论是运动员还是观众都要尽量使用积极的、鼓舞士气的类语言,用欢呼声和掌声为运动员加油,避免使用带有嘲笑和埋怨用意的类语言。如果观众要使用乐器为运动员助威,应得到许可再把乐器带到场内。在使用时,乐器的打击节奏要配合运动项目的特点,不要一味喧闹,影响赛场秩序。

第三章　体育活动人员社交礼仪

社交礼仪是人们在社会交往中所使用的表示相互问候、致意、祝愿和友好等的行为规范和习惯形式。在体育运动蓬勃发展的今天，体育活动人员要经常出国做各种技术交流或参加国际大赛活动。了解和把握当今世界社交礼仪的基本特点，熟悉社交中有关称谓、介绍、交谈、馈赠、宴请和旅行等礼仪的要求，对于树立个人乃至国家形象，增进人与人之间的相互了解与友谊具有重要作用。

第一节　交往礼仪

社会是人们交往作用的产物，没有人际交往就不能成为其社会，一个人要生存发展，就不能置身于社会交际之外。人际交往是要遵循一定的交际礼仪的。理解和掌握基本的交往礼仪，并且在实践中正确地加以运用，不但可以使我们在人际交往中举重若轻，应付自如，而且还将从中大大获益，备尝交往成功所带来的欢乐。

一、称谓礼仪

在传统意义上，称谓是指对亲属、朋友、同事或其他人员称呼时所使用的一种礼貌语，它能恰当地体现出当事人之间的隶属关系。称谓在这一意义层面上所包括的内容是非常广阔的，如有姓名称谓、性别称谓、亲属称谓、职务称谓等等。在这里我们所说的称谓是指在现代社交活动中使用的国际通用称谓。恰当地使用国际通用称谓，是人们在现代社交活动中的一种基本礼貌礼节。

在国内的社交场合，对于男性可通称为“先生”，对女性可通称为“女士”，对于未婚女性也可称为“小姐”。在国外，无论男性结婚与否，都可称“Mister”，但对已婚女性则称“Mrs”或“Madam”；对未婚女性称“Miss”。“Mrs”是指所有的已婚女子，而“Madam”是“Mrs”的尊称，用来指有较高社会地位的女子。在称谓时还可以冠以姓名。

无论是在国内还是在国外，对于出席社交场合的一些有特殊身份的人，如高级政府官员、医生、法官、军官、高级宗教人士、律师、教授和有博士学位的人士，就不能简单地以“先生”或“女士”来称谓，称谓时应冠以正式的头衔，以表示对他们的尊重。

二、介绍礼仪

介绍是人际交往的开始，也是人际交往顺利进行下去的基础。介绍分自我介绍、为他人介绍和被他人介绍三种形式。

（一）自我介绍

在社交活动中，如想结识某些人或某个人，而又无人引见，如有可能，即可向对方自报家门，自己将自己介绍给对方。如果有介绍人在场，自我介绍则是不礼貌的。

自我介绍时，可主动向对方打招呼说声“你好！”，并向对方点头致意，或伸手跟对方握手，在得到对方回应后再说出自己的姓名和身份。

自我介绍要注意三项原则：

时机恰当。要在适当的场合进行自我介绍，如选在对方有空闲、情绪较好、又有兴趣时做介绍，这样就不会打扰对方。自我介绍时语言要简洁，以半分钟左右为佳。为了节省时间，作自我介绍时，可利用名片、介绍信加以辅助。

态度诚恳。在进行自我介绍时，态度要自然、友善、亲切、随和。在表现上要落落大方、彬彬有礼，避免紧张、畏怯、语无伦次。

真实可信。进行自我介绍要实事求是、真实可信,不可自吹自擂、夸大其词。

（二）为他人介绍

当要将某人介绍给别人时,按礼宾顺序应该是:把年轻者介绍给年长者,把职位低者介绍给职位高者。如果双方年龄、职位相当,则把男士介绍给女士,把家人介绍给同事、朋友,把未婚者介绍给已婚者,把后来者介绍给先到者。在人数众多的场合,如果其中没有职位及身份特殊的人在场,又是年龄相仿的人聚会,则可按照一定的次序一一介绍。为他人做介绍时,应简洁清楚,不能含糊其辞。介绍时,还可简要地提供一些情况,如双方的职业、籍贯等等,便于不相识的两人相互交谈。如果是单独介绍两人相识,应该事先了解一下他们彼此是否都有想认识对方的愿望,免得造成不必要的尴尬。在向他人介绍某人时,不可用手指指指点点,应有礼貌地以手掌示意。

（三）被别人介绍

当你自己被介绍给他人时,应该面对着对方,显示出想结识对方的诚意。等介绍完毕后,可以握一握手并说“你好!”“幸会!”“久仰!”等客气话表示友好。如果你是一位男士,被介绍给一位女士,则应该主动点头并稍稍欠身,然后等候对方的反应。按一般规矩,男士不要先伸手,如果对方伸出手来,男士应立即伸手轻轻一握。如果你是一位女士,被介绍给一位男士时,一般来说,微笑点头也就合乎礼貌了,如你愿意和对方握手,则可以先伸出手来。介绍时,除女士和长者外,一般应起立,但在宴会桌上、会谈桌上可不必起立,被介绍者只要微笑点头有所表示即可。

在交际场合,一般在相互介绍时要握手。握手也有先后顺序,应由主人、年长者、身份高者、女士先伸手,客人、年轻者、身份低者见面先问候,待对方伸出手后再握。多人同时握手,切忌交叉进行,应等别人握手完毕后再伸手。男士在握手前应先脱下手套,摘下帽子,握手时双目应注视对方,微笑致意。年轻者对年长者、身份低者对身份高者握手时应稍稍欠身,双手握住对方的手,以示尊敬。男士与女士握手时,应只轻轻握一下女士的手指部分。

交换名片也是相互介绍的一种形式。在送给别人名片时,应双手递出,面露微笑,眼睛看着对方。在接受对方名片时,也应双手接回,还应轻声将对方的姓名等读出,然后郑重地收存好。

三、交谈礼仪

美国著名的语言心理学家多罗西·萨尔诺夫曾说道:“说话艺术最重要的应用,就是与人交谈。”从广泛意义上来讲,交谈是人们交流思想、沟通感育情、建立联系、消除隔阂、协调关系、促进合作的一个重要渠道。可是在人际交往中,人们交谈的效果却大不一样,这就是所谓的“酒逢知己千杯少,话不投机半句多”。实际上,成功的交谈有赖于一定的礼仪规范。在现实人际交往中,交谈礼仪主要体现在以下几个方面。

(一)真诚坦率

真诚是做人的美德,也是交谈的原则。交谈双方态度要认真、诚恳,有了直率诚笃,才能有融洽的交谈环境,才能奠定交谈成功的基础。真心实意地交流是自信的结果,是信任人的表现,只有用自己的真情激起对方感情的共鸣,交谈才能取得满意的效果。

(二)互相尊重

交谈是双方思想、感情的交流,是双向活动。要取得满意的交谈效果,就必须顾及对方的心理需求。交谈中,来自对方的尊重是任何人都希望得到的。交谈双方无论地位高低、年纪大小,在人格上都是平等的,切不可盛气凌人、自以为是、唯我独尊。谈话时,要把对方作为平等的交流对象,在心理上、用词上、语调上,体现出对对方的尊重,尽量使用礼貌语,谈到自己时要谦虚,谈到对方时要尊重。

(三)话题适宜

与人交谈时,选择适宜的话题是交谈继续下去的前提。一般来说,与陌生人或不太熟悉的人开始交谈时首先要使用礼貌的问候语，如“早上好！”“你好！”等，然后选择大家都比较熟悉的简单话题进行交谈，如天气、眼前的环境等，待双方有意继续交谈时再引入其他话题。熟人或朋友之间的交谈往往以深层次的问候寒暄开始，寒暄不仅是一种必不可少的客套，而且可以为交谈作情感铺垫。熟人或朋友之间的话题一般没有限制，只要大家有兴趣，几乎所有话题都可以作为谈资。

在现代社会交际场合，话题的选择应该以双方都感兴趣和都较为熟悉为原则，像健康活动、国内外大事、工作、文体活动等一般都是大家感兴趣的话题。话题还应尽量符合交谈双方的年龄、职业、性格及心理特征。以下话题在社交场合是要避免谈及的：疾病、死亡等不快之事；荒诞离奇、黄色淫秽之事；个人隐私（如女性的年龄、婚否，个人的履历、收入、财产，服饰价格，私人生活等）；国家内政和秘密；对第三者的议论或批评等。男子一般不要参与女性圈内的谈话。

值得注意的是，在国外比赛期间，体育活动人员对外谈话一定要严守机密。这里的机密主要指赛前准备、比赛计划、上场阵容以及运动员、教练员之间的各种关系。大赛前，一般不向记者发表有关内部情况的议论。同事之间商量问题、交换意见应在有保密条件的地方进行。涉及重大国际问题的表态，一定要符合我国对外政策，自己不知道的事不要乱讲。在饭店、旅馆、汽车等公共场合不可议论国家内部问题。在社交场合谈话时，要先弄清对方身份，这样谈话才会得体，有针对性，对身份不明或不熟悉的人不可深谈。

（四）掌握分寸

交谈是在两个或两个人以上之间进行的，任何人都不应该想说什么就说什么，也不能想怎么说就怎么说，说话人必须顾及对方的情感和反应。有时因为民族习惯、文化背景和个人修养的不同，谈话者实际表达的思想很难被听话者理解，甚至有可能被误解。遇见这种情况时，谈话者一定要掌握分寸，做到谦虚有礼。

当在交谈中出现意见分歧时，不要全盘否定对方，应该委婉地说出自己的看法,相互商讨。当对方显得无礼时要宽容克制,不能以牙还牙,出言不逊,也不可斥责、讥讽对方,可能的话应该以好言相劝,使对方冷静。如果对方的言辞有损你所在的组织或国家,则应该义正词严、有礼有节地给予驳斥。

在有些特定场合和情景之下,可能不得不终止与对方的谈话。如果是必须表达自己立场的时候,可在对方说话告一段落或出现停顿时陈述自己的观点;如果是有别的事急待处理,则需说"对不起,我还得办点急事,下次谈行吗"之类的话;如果对方态度过于强硬,甚至出言不逊,亦可用"好了,谈话就到此为止"来中止谈话。

此外,说话中一般不要使用对方不懂的语言,如方言、土语或外语,应尽量使用与对方一致的语言交谈。如果对方讲普通话,就尽量使用普通话与之交谈。交谈中还应注意根据对象选择不同的表达方式。如对待普通市民适宜用通俗易懂、最接近生活的日常语言与之交谈,而不宜用深刻的哲理性的语言,或者枯燥生硬的逻辑推理;对待学问较高深的人适宜用提纲挈领、逻辑严密的方式进行交谈,而不宜用简单无聊、杂乱无章的语言进行交谈。

（五）善于倾听

在谈话过程中,仔细倾听和目光专注是一种起码的礼仪要求。任何人都有这样的体会,凡是那些愿意认真倾听并用语言、表情和眼神与我们谈话保持呼应的人都会受到我们的尊重。我们不喜欢那些与我们谈话时东张西望、似听非听,或者翻阅书报,甚至自顾自处理一些与交谈无关的事务的人,也不会对那些在谈话时随意打哈欠、伸懒腰,或不时看钟表、心不在焉的人有好的印象。在谈话过程中,听者应设身处地地站在说话者的角度,用适当的表情与语言,表示对讲话者的专注与反馈,这是一种最基本的礼貌。

在交谈活动中,眼神的注视是最受人关注的。为了体现谈话者之间的尊重和礼貌,讲话者和倾听者都要注意眼睛的社交注视区间。所谓社交注视区间是指人们在普通的社交场合中采用的注视区间。这一区间的范围是以两眼为上线,以下颚为顶点所连接成的倒三角区域。注视这一区域最容易形成平等感,能使谈话者感到轻松、自然,从而能比较自由地表达观点和见解。

四、电话礼仪

电话是现代社会经常使用的通讯和交流工具,为了使电话交谈能够顺利而有成效,每个人都应该了解电话礼仪。

(一)打电话礼仪

当要给别人打电话时,首先要选择适当的时间。一般的公务电话要在上班时间打,而且应尽量打到对方单位。如确有必要往对方家里打,则要在早上8点以后至晚上10点之前进行,避开吃饭时间和午休时间。

拨通电话后,要先自报家门和证实对方的身份,必要时,应询问对方是否方便,在对方方便的情况下再开始交谈。如果找的人不在,又想让接电话的人进行转告,可以说"对不起,麻烦你转告某某人某某事",然后问清对方姓名,向对方说声"谢谢"。如果拨错了号码,应马上说声"对不起,我拨错电话了"。在电话交谈时,应使用文明、礼貌用语,电话内容要简明、扼要。通话完毕后应说声"再见",然后轻轻放下电话。

(二)接电话礼仪

当听到电话声响起时,应马上去接,最好不要让铃声响过五遍,以免使对方等得太久。如果因为某种原因不能立即接电话,应在拿起话筒时先表示歉意并做适当的解释。

拿起话筒后,如对方没有发话,可以先自报家门,如"你好,这里是某某"。作为接话人,在通话过程中,首先要确认对方的身份,然后仔细倾听对方的讲话,并作及时应答。对对方的谈话可做必要的重复,重要的内容应简明扼要地记录下来,如时间、地点、联系事宜、需解决的问题等。接电话时语言要文明、礼貌,态度应热情、谦和,语调应平和,音量要适中。接电话时最好不要做其他事情,更不能与身边的人交叉说话甚至嬉戏。电话交谈完毕时,应尽量让对方结束对话,若确需自己来结束,应解释并致歉。通话完毕,应等对方放下话筒后,再轻轻地放下电话,以示尊重。

当接到找别人的电话时,应先礼貌地确认对方身份,待确认对方身份后,可说声“请稍等一下”,然后迅速找到指定接话人。如果指定接话人不在,对方请你代转电话,则应做好详细的电话记录。记录完毕后,最好向对方复述一遍,以免遗漏或记错。当接到拨错的电话时,应礼貌地告诉对方“对不起,你好像打错电话了”。若对方说“对不起”,你可以回答“没关系”,此时无论是说话还是挂电话都不要粗暴。

(三)使用手机礼仪

手机已经成为现代社会人们随身必备的通信工具。人们在享受着手机给生活带来方便的同时,也要遵守手机使用礼仪,不要给别人带来烦恼。

首先,使用手机要遵守社会公德。在公共场所如楼梯、电梯、路口、人行道、公交车上等地方,不可以旁若无人地使用手机。使用时应该把自己的声音尽可能地压低,绝不能大声说话。在参加重要聚会,如会议、宴会、舞会、音乐会,或在图书馆、展览馆、电影院、剧院等场所时,应把手机设为静音或振动。需要与他人通话时,应寻找无人之处,切勿当众自说自话。手机短信的收发也要像手机使用一样,在一定的场合要处于静音或振动状态。在短信内容选择和编辑上,应该文明、礼貌,不能编辑或转发不健康的短信。也不要一边和别人说话,一边查看手机短信。

其次,使用手机要注意安全。在驾驶车辆时,不能使用手机通话,也不能收发短信,否则极有可能导致交通事故。乘坐飞机时,必须自觉地关闭随身携带的手机,以免干扰飞机的导航系统。在加油站或医院停留期间,也不准开启手机,以免酿成火灾或影响医疗设备的正常使用。此外,在标有禁用手机的文字或图示的地方,均须遵守规定,不使用手机。

五、馈赠礼仪

在国内外体育大赛上,体育活动人员经常会互赠小礼品,以增进友谊和留作纪念。由于体育活动的特殊性，尤其是在国外的赛事，如果涉及礼品馈赠，一定要注意馈赠的礼节。

（一）赠送礼品

1. 礼品的选择

运动员之间赠送的礼品经常是小礼品。选择礼品时要突出礼品的纪念性，如有自己签名的画册、明信片以及纪念章等都是很好的纪念性礼品。如果礼品是赠给外国运动员的，则要突出礼品的民族性，如选择京剧脸谱、剪纸、丝巾、玉佩、风筝等，这些小礼物是非常受外国友人欢迎的。一般不要送贵重礼品，也不要送药品、保健品，更不要送有悖受赠者所在国社会规范的礼品。如一些国家在颜色、形状、图案及数字上都有相应的禁忌，在选择礼品时应该考虑这些因素。男女之间赠送礼品时要有所顾忌，一般不能送贴身物品，以免引起误会。值得一提的是，在向大赛组委会成员或裁判员赠送礼品时，要恰当地选择礼品，以免遭受行贿之嫌。

2. 礼品的包装

选好礼品后，不要直接送出，要对礼品进行适当的包装。精美的包装不仅使礼品的外观更具艺术性和高雅的情调，也能显示出赠礼人的品位。

3. 赠送时机

赠送礼品一般选择在相见、道别或相应的仪式上。赠送礼品时，态度要平和友善，动作落落大方并伴有礼节性的语言。如果有其他人在场，则不要把礼品只送给其中的某一个人。

（二）接受礼品

一般情况下，运动员不要拒绝对方的小礼品或小纪念品，但对贵重物品要婉言谢绝，而且如果觉得送礼者别有所图，也要给予拒绝。女运动员不要随便接受异性所赠的物品，特别是不要接受戒指、内衣等贴身物品。

当接受礼物时，不管礼品是否符合自己的心意，都应表示对礼物的重视并对送礼者表示感谢。对有包装的礼物,西方人的做法是即刻打开欣赏,并赞美一番,东方人比较含蓄,一般不当面打开包装。接受了他人的礼物,如有可能应予以回礼。

第二节 聚会礼仪

在体育活动人员参加的各类活动中,聚会是比较常见的一种形式。聚会是两个或者两个以上的人,为了一定的目的,或是为了从事某种活动,而聚集会合在某一地方。在社交活动中举行的聚会,称为社交聚会。参与社交聚会时,必须遵守相应的聚会礼仪。

一、做客礼仪

运动员在外出比赛期间会到别人家做客拜访,做客也有做客的礼仪。做客拜访要选择适当的时间,一般可选在晚饭后或休息日的下午,避免在吃饭和休息时间登门造访。拜访前应告知对方自己的拜访计划,以便对方作合理安排。拜访约定后,就不能轻易失约或迟到,如因特殊情况不能前去,一定要提前通知对方,并表示歉意。

拜访出发前,要适当地修整外表,做到仪表整洁、着装大方,以示对主人的尊重。到主人家门前时,应先轻轻敲门或按门铃,当有人应声允许进入或出来迎接时方可进入主人家门内。即使门开着,也要敲门或以其他方式告知主人有客来访,切不可擅自闯入。敲门不宜太重或太急,一般轻敲两三下即可,按门铃时间也不要太长。

进门后,应将随身带来的外套、雨具等物品放在主人指定的地方,在主人的安排下换上拖鞋,进入客厅。面对室内的人,无论认识与否,都应主动打招呼,包括老人、孩子和其他客人。待主人安排座位后方可就座。

在别人家里做客,要有恰当的举止和应有的礼貌。当主人端上茶时,要起身道谢,双手迎接;对于送上来的水果或点心,要在主人劝吃后再食用,果皮、果核不能乱扔乱放。对于自己不喜欢吃的水果或食品,要委婉地谢绝。运动员是不能吸烟的,如遇到主人敬烟,应有礼貌地谢绝。宾主谈话一般在客厅里进行,没有主人的邀请,不要闯进其他房间去参观,也不要随便翻弄主人家的东西。和主人交谈时,要有礼有节,有要事应尽快表明来意,不要漫无目的,浪费时间。

做客时间一般不宜太长,当事情谈完后,要及时起身告辞。离开时,如果主人出门相送,应请主人留步并道谢。

另外,运动员外出做客时,应向领导请假,不能擅自离开集体,要按时归队,及时向领导销假。

二、宴会礼仪

运动员在参加国际比赛时经常会被邀请参加一些正式的宴会或招待会。宴会是国际国内社会交往中一种通行的层次较高的礼仪形式。宴会的场面一般比较庞大、隆重,能使人得到一种礼遇上的满足。宴会通常是正餐宴请,在人员座次安排、餐具陈设、酒水和菜肴道数、服务员的装束以及整个餐厅的布置上都非常讲究。

接到宴会的邀请后,首先要尽快告诉邀请者自己是否赴宴。如能赴宴则最好问清详细地址和时间等细则,并应询问邀请的目的、届时出席的宾客情况、着装要求等,以便事先准备完善,不犯唐突的错误。一旦接受了邀请,就不要随意变动,如确有意外,不能前去的,要提前解释,并深致歉意。不能应邀的,要婉言谢绝。

赴宴前应保持身体清洁,最好沐浴后换上干净合体的衣服。赴宴时不要带未受邀请的友人和子女及配偶出席宴会。

赴宴时,最好能按时到达。迟到是非常失礼的,但到得太早也是不合礼的。一般来说,比规定时间早到或迟到 5~10 分钟都不算失礼。到达宴会地点后,应先到主人迎宾处,主人迎来握手时,要及时向前响应,并问好、致意。入席时,一般有服务人员引导,在摆有自己座位卡的座椅上入座,不要坐错了位置。

在宴会上,要等主人示意可以用餐时才可以用餐。边吃边谈是宴会的重要形式,只顾低头吃是不礼貌的,应当主动与同桌人交谈,特别注意同主人方面的人交谈,不要总是和自己熟悉的人谈话。谈论的话题要轻松、高雅、有趣,不要涉及对方敏感、不快的问题,也不要对宴会和饭菜妄加评论。

在较正式的宴会上,主人一般都要致祝酒词,这时所有宾客都要暂停进食和交谈,注意倾听,并在需要的时候起立举杯。

用餐完毕后,如果主人没有其他安排,便可以向主人道谢告辞。一般情况下,在宴会尚未结束时不要中途退席。

三、招待会礼仪

招待会通常是指一些不备正餐的宴请方式,常见的有自助餐会和酒会等。招待会会场一般备有食品和酒水饮料,不排固定座席,客人可以自由选择酒水和食品,与不同的人站在一起或坐在一起,形成不同的交际圈,边吃边谈论自己喜欢的话题。

一般来说,参加招待会时,吃东西是次要的,而与其他人进行适当的交际才是主题。那些只顾自己躲在僻静之处埋头大吃大喝,或者来了就吃,吃了就走,而不同其他在场者进行任何形式接触的做法是不足取的,也是对主人的不礼貌。

如果被邀请参加的是自助餐招待会,那么懂得和遵守自助餐礼仪也是很重要的。自助餐礼仪体现在以下几个方面:

其一,排队取菜。自助餐通常是用来招待众多宾客的,所以在就餐取菜时,应自觉地维护秩序,讲究先来后到,排队选用食物。

其二,用公用叉匙取菜。在取菜之前,先要准备好一只食盘,轮到自己取菜时,应以公用的餐具将食物装入自己的食盘之内,然后迅速离去。切勿在众多的食物面前犹豫再三,让身后之人久等,更不应该在取菜时挑挑拣拣,甚至直接下手或以自己的餐具取菜。

其三,循序取菜。在自助餐上,取菜的先后顺序依次应当是:冷菜、汤、热菜、点心、甜品和水果。

其四,多次少取。当决定选取某一种类的菜肴时,每次应当只取一小点,品尝之后,如果觉得适合自己,还可以再次去取,直至自己吃好为止。切不可为了省事而一次取用过量,造成浪费。

其五,送回餐具。用餐完毕之后,应将自己用过的餐具整理到一起,然后一并送回指定的位置。

四、就餐礼仪

任何国家的餐饮都有一定的礼仪规范而且种类繁多,要想通晓全部不太可能,但有一些基本的就餐礼仪还是要知道的。

(一)餐桌上的礼仪

1. 正确使用餐巾

餐巾在中餐和西餐桌上已经被广泛使用。餐巾的主要用途是防止食物落在衣服上,也兼做擦嘴及手上的油渍之用。用餐之前,必须等到大家坐定并且坐在上座的尊者拿起餐巾后,才可以拿起自己的餐巾,然后平铺在双膝上端。在平时轻松的场合可以把餐巾放在桌上,其中一角正对胸前,用碗碟压住。如果暂时离开座位,应将餐巾叠放在自己的座位上。用完餐后,应将餐巾叠一下放在桌子上。

餐巾可以用来擦嘴或擦手,使用时可叠成三角形或长方形,拭擦时脸孔朝下,以餐巾的一角轻按几下嘴唇,污渍要全部擦在里面,餐巾的外表应该一直是整洁的。餐巾不能用来擦脸、擤鼻涕,也不能用餐巾擦餐具。不要把餐巾用得污迹斑斑或者皱皱巴巴,若餐巾脏得厉害,可请侍者更换一条。

2. 文明用餐

用餐时,身体要端正,上臂和背部要靠到椅背,腹部和餐桌保持约一个拳头的距离。脚应踏在本人座位下,不可任意伸展。手肘不要放在桌面上,两肘应向内靠,不宜向两旁放开,以免碰及邻座客人。进餐过程中,不要解开纽扣或当众脱衣。如果主人请客人宽衣,男士可以把外衣脱下搭在椅背上,但不可以把外套或随身携带的东西放到餐桌上。女士不能在餐桌上补妆或梳理头发。一些小动作如抠鼻子、挖耳朵、抓头皮等也要禁止。

用餐时须温文尔雅,小口进食,不要狼吞虎咽。进餐的速度,宜与大家同步,不宜太快,亦不宜太慢。吃食物时,要以食物就口,而不是弯下腰以口去就食物。吃东西时不要用手持着盘子,更不能把盘子拿起来。如欲取用摆在同桌其他客人面前的调味品,应请邻座客人帮忙传递,不可伸手横越,长驱取物。最好不要在餐桌上剔牙,如果剔牙,要用餐巾或手把嘴巴遮住,切不可口中咬着牙签与人交谈。

用餐时要避免发出太大的声响,最主要的是不要发出很响的咀嚼声。吃食物时最好是闭着嘴咀嚼,细嚼慢咽。喝汤的时候,最好用小勺送入口中,不要直接呼呼大喝。如果汤太热,就要凉一会儿,不要一边吹一边喝。在使用餐具时,要轻拿轻放,不要发出很响的碰撞声。

用餐时,如果有类似鱼刺、骨头等之类的残渣,不要直接吐在盘子里,更不能往桌上或地上乱扔,而是要用手放到自己的碟子里,或放在事先准备好的纸上。

在餐桌上免不了要讲话,但在口内有食物时,应避免说话,因为被别人看见满嘴的食物是非常粗俗的表现。在讲话时,最好把餐具放下,边讲话边挥舞手中的餐具,或用餐具对别人指指点点是非常不礼貌的。

餐桌上经常会有人吸烟,运动员是禁止吸烟的,如遇到有人递烟,应礼貌地谢绝。

3. 妥善处理意外

在餐桌上,由于自己的不慎或其他原因,会出现一些意外,这时不要惊慌失措,也不要大呼小叫,应该尽快妥善处理。

用餐的时候,刀叉不小心掉到地上,如果弯腰去捡,不仅姿势不雅观,也会影响身边的人,这时可以示意服务生来处理并更换餐具。

如果遇到不好吃的食物或异物入口时,必须注意不要引起一起吃饭的人的不快,但也不必勉强把不好的东西吃下去。可以用餐巾盖住嘴,把食物吐到餐巾上,让服务员换块新的餐巾。

在席间打嗝、打喷嚏是很不礼貌的。万一发生此种情况,可以用喝水、屏气等方法加以控制,若仍无效,就应该去洗手间处理。

如果在餐桌上泼洒了东西,不要惊慌,可叫服务员来清理。万一不慎将菜汁弄到邻座的衣服上,应向对方道歉。别人弄脏了你的衣服也不要太在意。

(二)西餐桌上的礼仪

西餐礼仪是比较复杂的,一般中国人很难全面掌握。应该注意的是,如果在餐桌上有不懂的地方,要尽量跟着主人去做,不要因为不懂装懂而失礼。

1. 宾主座次

在较正式的西餐桌上,宾主是有座次之分的。男主人要坐主位,即使来宾的地位、身份、年纪高于主人,仍要紧靠主人就座。男主人右边就座的是第一重要客人的夫人,左边就座的是第二重要客人的夫人。女主人坐在男主人的对面,她的两边是最重要的第一、第二位男客人的座位。如果是非正式的西餐,座次就不是很重要了。

2. 餐具的使用

西餐的一个显著特点是分食制。就餐时个人点个人的菜,个人吃个人的菜,互不影响,体现了西方人讲究独立的思想和习惯。西餐的另一个特点是餐具多,餐桌上有各种大小的杯子、盘子、刀、叉和其他银器具,总共有二十多件。在桌面上,餐具是根据上菜顺序而精心排列的:座位最前面放食盘,左手边放叉,右手边放刀,汤匙也放在右边。在食盘的上方放吃甜食用的匙和叉,再往前略靠右放各式酒杯,这些酒杯自右起依次是葡萄酒杯、香槟酒杯、啤酒杯(水杯)。餐巾叠放在啤酒杯(水杯)里或放在食盘上。面包盘放在左手边,上面横摆着黄油刀。正餐的刀、叉数目和菜的道数相等,并按上菜顺序由外向里排开,依次是吃开胃菜用的、吃鱼用的、吃肉用的等。

使用刀叉时,要左手持叉,右手持刀。在切东西时,左手拿叉按住食物,右手拿刀切成小块,用叉子往嘴里送。用刀的时候,刀刃不可以朝外。进餐中途需要休息时,应在盘子中央将刀叉并摆成“八”字形状,表示没吃完。每吃完一道菜,将刀叉并排放在盘中,表示已经吃完,可以将这道菜或盘子拿走。任何时候,都不要将刀叉的一端放在盘上,另一端放在桌上。

3. 一些食物的吃法

西餐的菜式比较简单,一餐只有数个菜肴,不浪费。有些菜肴与中餐的菜肴是一样的,但吃法却有很大区别。在吃西餐时,应该按照西餐的礼仪来享用食物。

面包:在吃面包时,通常是用手把面包掰成小块,上面抹上黄油,抹一块,吃一块。小的三明治和烤面包是用手拿着吃的,大点的吃前先切开。

肉:肉一般都是大块端上的。吃的时候,用刀、叉把肉切成小块,大小刚好是一口。吃一块,切一块,不要一下子全切了,也千万不要用叉子把整块肉叉到嘴边,边咬、边咀嚼、边吞咽。如果吃牛肉(牛排),可以在预定时按自己的喜好决定生熟的程度。吃有骨头的肉时,要用叉子把整片肉固定,再用刀把肉切开,边切边吃。如果骨头很小,可以用叉子将其放进嘴里,在嘴里把肉和骨头分开后,用餐巾盖住嘴,把骨头吐到叉子上,然后放到碟子里。需要直接“动手”的肉,洗手水往往会和肉同时端上来。

鱼:吃鱼时不要把鱼翻身,吃完上层后用刀叉剔掉鱼骨后再吃下层。

沙拉:沙拉习惯的吃法是将大片的生菜叶用叉子切成小块,如果不好切可以刀叉并用。一次只切一块,吃完再切。

水果:一般水果作为甜点或随甜点一起送上。吃水果的关键是怎样去掉果核。有刀叉的情况下,用刀把水果切成四瓣再去皮核,用叉子叉着吃,要注意别把汁溅出来。没有刀或叉时,可以用两个手指把果核从嘴里轻轻拿出,放在果盘的边上。把果核直接从嘴里吐出来,是非常失礼的。

4. 自己去餐馆

在国外,自己去餐馆吃饭相对简单。一般非快餐性质的餐馆均有带位员,顾客进门后带位员会首先问同行有几位,然后带顾客入座,入座之前会将顾客的大衣、雨伞等物拿到衣帽间去存放,待客人用餐完毕时会及时送回。

进餐馆点菜没有特别规矩。服务员会先请客人点饮料,然后摆上菜单供客人选菜。点菜与上菜的顺序大致为:冷菜、主菜、奶酪、甜食或水果,最后喝咖啡或茶。点菜后,服务员会把餐具摆上。有些中国人习惯用餐前用餐巾把餐具擦一下,这在外国是十分忌讳的,表示顾客对餐馆的卫生不满意。服务员看到这种情况会马上换一套餐具,因此,应注意不要这样做。万一发现某一餐具不干净,可直接找服务员说明,请其调换。在大部分西欧国家,大一些的咖啡馆均供应各种饮料和一日三餐。用餐的方法与前述基本相同。不过喝饮料方式却有两种,一种是在柜台前站着喝,另一种是坐下来等服务员端到桌前。两种服务两种价格,咖啡馆也往往将两种价格标示在门口或价目牌上。初次出国的人不知内情,在街上走累了,看到路边摆放的桌椅往往会坐下来休息,这立即会引来服务员上前询问要什么饮料。如果不要任何饮料,定会引起店家的不快,此种做法应避免。

(三)中餐桌上的礼仪

中华饮食,源远流长,在讲究民以食为天的国度里,饮食礼仪自然成为饮食文化的一个重要部分。中餐和西餐不同,采用的是共食制,桌上的餐具不多,但菜式丰富,大家围着菜肴一起用筷子夹着吃,体现了东方人讲究和睦的思想。

1. 座次

在正式的中餐宴请中,入席是比较讲究的。入席时,自己的座位应听从主人或招待人员的安排。如果座位没定,在就座时要注意以下几个原则:一是右高左低的原则。两人一同并排就座，通常以右为上座，以左为下座，这是因为中餐上菜时多以顺时针方向为上菜方向，居右坐的要比居左坐的优先受到照顾。二是中座为尊的原则。三人一同就座用餐，坐在中间的人在位次上高于两侧的人。三是面门为上原则。面对正门者是上座，背对正门者是下座。四是特殊原则。高档餐厅里，室内外往往有优美的景致或高雅的演出，供用餐者欣赏，观赏角度最好的座位是上座。在某些中低档餐馆用餐时，通常以靠墙的位置为上座，靠过道的位置为下座。所以，在入座时，应根据实际情况，先让身份高者、年长者以及女士入座，自己再找适当的座位坐下。

2. 取菜

在中餐桌上，所有的菜肴都是共享的，在取菜时应特别注意以下礼节：

入座后，面对桌子上的佳肴，不要急于动筷，须等主人说“请”之后才能动筷。

取菜时，应在自己面前的菜盘里取菜，不要伸长胳膊去远处取菜，夹菜时应夹取盘子里靠近或面对自己的那部分菜，不要从盘子中间或靠别人的一边夹菜，也不能用筷子在盘子里翻动。

夹菜要适量，不要取得过多，避免浪费。不要连续夹自己爱吃的菜，要顾及同桌的人，更不能把盘子端到自己跟前。

如果要给客人或长辈夹菜，则要用公筷，也可以把离客人或长辈远的菜肴送到他们跟前。每当上来一个新菜时应该请客人或长辈先动筷，以表示对他们的尊重。

另外，酒在中餐宴请中往往发挥着重要作用。如果酒量还能够承受，对主人敬的第一杯酒应喝干。同席的客人可以相互劝酒，但不可以任何方式强迫对方喝酒，否则是失礼。自己不愿或不能喝酒时，可以谢绝。需要注意的是，运动员是不能喝酒的。

3. 筷子和勺子的使用

筷子：筷子成双使用，是中餐最主要的餐具。筷子用起来简单、方便，但也有很多规矩。一是不论筷子上是否残留着食物，都不要去舔；二是不要举着筷子在菜碟间来回游移；三是夹菜时筷子不能滴滴答答流着菜汁；四是不要把筷子竖插放在食物上面或用筷子去叉馒头或其他食品；五是不要刚夹了这盘里的菜，又去夹那盘里的菜，应该吃完之后再夹另一盘菜；六是不要敲筷子，否则是对主人的不尊重。

勺子：勺子主要用来舀汤，用筷子取食时，也可以用勺子来辅助。用勺子取食物时，不要过满，免得溢出来弄脏餐桌或自己的衣服。在舀取食物后，可以在原处停留片刻，汤汁不往下流时，再移回来享用。用勺子取食物后，要立即食用或放在自己碟子里，不要再倒回原处。暂时不用勺子时，应放在自己的碟子上，不要放在餐桌上，或放在食物中。

第三节　旅行礼仪

为了参加比赛，体育活动人员经常做长距离的旅行。无论是乘飞机还是乘汽车，都要重视相应的乘坐礼仪。因为在有限的乘坐空间内，个人的言行举止不仅影响个人和集体的形象，也影响着别人的旅途心情与安全。

一、乘飞机礼仪

乘飞机时要注意以下乘坐礼仪。

（一）登机前

在办理登机牌和安检的时候，要自觉排队。不要为队友或朋友占队加塞，因为办理登机牌和安检的窗口有很多，旅客是选择人较少的窗口来排队的，而占队的行为会增加其他旅客的排队时间。安检时还需要注意，在轮到自己安检前，要提前把护照、身份证、登机牌和机票准备好，以免临时翻找耽误时间。

在办理登机手续时，要尽量把较大较重的行李进行托运，不携带过多的行李上飞机。否则在飞机上取放这些行李时，会长时间占用过道，影响其他人通行,而且还会占用别人的行李位,使后来的旅客没有地方放自己的物品。

在候机大厅内候机时,一个人坐一个座位,不要用行李占位子。在座位上休息时,不要躺在椅子上,也不要把脚跷在椅子上,更不要脱鞋。不要把行李车横在通道内,以免影响他人通行。在座位紧张的情况下,应把座位让给老人、抱小孩的妇女或孕妇。

遇到飞机晚点或被迫取消时,不要大声抱怨,更不要聚众闹事,要听从机场工作人员的安排。如果自己旅行时间紧急,可及时向机场工作人员说明情况,以便做适当调剂。

(二)登机后

登机时,应礼让残障人士、老人、抱小孩的妇女或孕妇,让他们先登机。在登机口要礼貌地回应飞机乘务人员的致意和问好。若不清楚飞机上的座位安排,可将登机牌交给乘务人员以作引导,不要抢坐别人的座位。登机就座后,应马上把手机、激光唱机、手提电脑、电子游戏机等个人携带的电子设备关闭。

在飞行途中,要有正确和得体的言行举止。为了飞机安全,不要随意拿取飞机上的物品,也不要乱动飞机上的设备。如果有特别需要就按座位旁边的按钮来呼叫乘务人员,不要在机舱内大呼小叫。如果感到闷热可以打开座位上方的通风阀,也可以脱下外衣,但不要袒胸露背。如要脱鞋,应确保鞋袜是卫生而无异味的。在飞机上不要吸烟,在享用免费食品和饮料时要量力而行,不要浪费。

在飞行途中,要尊重和善待他人。在飞机上,要尽量保持安静,不要高声谈笑,尤其是在夜间飞行或身边有人休息时,不要因为自己开心而让别人不开心。邻座之间可以小声交谈,但不要隔着座位说话,也不要前后座说话。交谈时要避开那些可能惊吓别人的话题,如劫机、坠机等空难事件。不要在座位上随意摇晃,不要把椅背调得太靠后,也不要随意摆弄小桌板,以免妨碍他人。

到达终点时,在飞机未停稳之前,不要站起来取行李,也不要在机舱内走动。下飞机时,不要拿走飞机上的耳机、毛毯等物品,不要推挤他人。走到舷梯口时，要有礼貌地与乘务人员说声“再见”。

二、乘汽车礼仪

在运动会期间，大会组委会向各体育代表团提供交通服务，交通工具一般是城市巴士或小面包车。在乘坐这些车辆时，要遵守一定的乘坐礼仪。

（一）行动统一

在集体乘车时，一定要做到行动统一。每个人都要提前整理好自己的携带物品，按规定时间到达上车地点。不要因为个人的迟到而让他人等候甚至影响集体活动。准时是对别人的尊重，也是一个人应该具备的素质。

（二）依次上车

上车时，要按照先来后到的顺序依次而上，不要拥挤。如有长者和女士在场，应该礼让并提供可能的帮助。

（三）文明乘车

乘车时，要懂得车厢里的座次礼仪。车厢里的座次是根据座位距离前门的远近来确定的，离前门越近，座次越高，在同一排的座位中，越靠右边的座位，座次越高。每个人应该根据自己的实际情况来选择合适的座位，不要失礼。

如果是一个人乘坐公共巴士外出，则更应该注意自身形象。如在车上不要与他人争抢座位，不要把随身物品放在座位上或过道上，遇到老人、病人、残疾人和孕妇等要主动让座等。

三、住宿礼仪

比赛期间，体育活动人员一般要住宿在宾馆里。在宾馆住宿时，每个人都要规范自己的仪表和举止，保持房间的舒适和干净。住宿的文明与否不仅关系到个人乃至代表团的形象，也关系到宾馆对你以后入住的欢迎程度。

（一）预约房间

入住宾馆要提前预约房间，这既方便自己，又利于宾馆的管理。无论是自己预约还是向组委会预约,都要清楚地说明入住和停留的时间、入住的人数、房间的类型等。如果对房间有特殊要求,也可以在预约时提出。

(二)登记入住

入住时,首先应礼貌地感谢帮助搬运行李的工作人员,然后到大堂前台登记。如果正在登记的顾客很多,则应静静地按顺序等候,并与其他客人保持一定的距离,不要吵闹和拥挤。登记完进入房间后,要阅读宾馆的服务指南,以备不时之需,还要查看房间的设施和用品是否完备,缺失的物品要及时请服务人员补齐。对于不会使用的设施要及时请教宾馆服务人员,自己不要胡乱操作。

(三)保持卫生

保持良好的客房卫生是住宿舒适和愉快的前提,也是对服务员的尊重。具体来讲,应注意的问题主要有:放好个人物品,大件物品要放壁橱里,小件物品要放在抽屉内,尽量不要将小件物品如钢笔、记事簿等乱扔在桌子上;不要在宾馆的禁烟区域吸烟,在房间里吸烟时要使用烟灰缸,不要乱弹烟灰,不要在桌子上捻掐灭烟,以免烧着地毯和桌子;不要在客房内乱丢垃圾,要把用过的卫生纸、瓜子壳、果皮等废弃之物扔到垃圾篓里;擦皮鞋时要使用宾馆配备的专门擦鞋纸,绝对不能用浴室里的毛巾来擦鞋;不要把吃剩的菜汤、喝剩的茶根儿、咖啡、西瓜汁等泼洒在地毯上,这些液体会留下渍印,很难清洗;不要随地吐痰;如需清洗衣物,应将衣物装入专用的洗衣袋,或交给客房服务员,不要在客房内洗大件衣服,即便自己洗了一些小件衣服,也不要挂在窗外或走廊上晾晒等等。

(四)保持安静

宾馆是供住宿者休息的地方,无论是在宾馆内部的公共场所还是在自己住宿的客房里,每个住宿者都要尽量保持安静。例如,在大堂里等人时,可以坐在沙发上看看杂志、听听音乐;如果想打电话,则要放低声音,不要像吵架一样,旁若无人;如果有多个人坐在一起交谈,声音要轻;不要在客房通道内高声说话;在客房里说话或看电视时,音量要适中,而且要把门关上;不可太早或太晚打开电视，以免影响别人休息等。

（五）礼貌待人

在宾馆里住宿，对于遇到的各类宾馆服务人员或其他客人，都要敬人为先，克己自律。例如，当门童为自己开门或向自己问好时，要表示感谢或予以回应；保安人员因职责所在，往往会对每位进入宾馆的人士倍加关注，碰上对方打量或者盘问自己时，要进行合作；搭乘有人服务的电梯时，应清晰地报出自己所去的楼层，并道一声“谢谢”，不要自己动手操作，无视对方的存在；乘无人服务的电梯时，应主动为后来的客人扶住门，中途下电梯前，自己按下关门的按钮，尽量减少给别人带来麻烦；当服务人员进入客房整理房间时，应表示欢迎，并且道谢；如果客房内个别设备出现故障，应予以体谅，不要大吵大闹，当维修工人出现后，要给予充分的尊重。

（六）退房离馆

准备退房时，最好先用电话告知前台。如果行李很多，可以请服务人员帮助。为了留作纪念，可以带走房间内类似牙刷、小肥皂、信封、信纸等允许带走的物品，其他物品一律不能带走。如果不小心弄坏了房间的物品，不要隐瞒甚至抵赖，要勇于承担责任加以赔付。结账完毕后，要礼貌地致谢道别。

第四节　国际礼俗

常言道“十里不同风，百里不同俗”，不同的国家在不同的地域环境之中，在不同的文化背景之下，有着迥然各异的习俗礼仪。体育活动人员出国时只有做到入乡随俗，尊重不同国籍运动员的礼俗习惯，才能更好地体现自身的良好形象，赢得更多的尊重。

一、国际惯例

由于文化背景、风俗习惯、社会制度等的不同，每个国家或民族都有自己的礼貌礼节和风俗习惯。体育活动人员不可能了解所有国家的礼仪和风俗,但一定要遵守国际社会中约定俗成的一些交际惯例。一般而言,有以下几条国际惯例是要认真遵守的。

(一)信守承诺

在人际交往中,“言必信,行必果”是做人应有的基本教养。体育活动人员在与外国人相处时要讲信用、守承诺,不随便许愿、失信于人。

(二)热情有度

中国人在人际交往中,一向主张朋友之间应当“知无不言,言无不尽”。但在国外,人们普遍主张个性至上,反对以任何形式干涉个性独立,反对侵犯个人尊严。对他人过分关心,或是干预过多,会令对方反感。所以与外国友人打交道时,既要热情友好,又要尊重对方的个人尊严与个性独立。

(三)尊重隐私

外国人普遍认为,要尊重交往对象的个性独立,维护其个人尊严,就要尊重其个人隐私,即使是家人、亲戚、朋友之间,也必须相互尊重个人隐私。所以与外国友人相处时,应当自觉回避对对方个人隐私的任何形式的涉及,如不要主动打听外国朋友的年龄、收入、婚恋、家庭、健康、经历、住址、籍贯以及宗教信仰、政治见解等。

(四)女士优先

在国外,尤其是在西方国家的人际交往中,人们讲究女士优先。它要求成年男士在社交场合,应积极主动地尊重女士、关心女士、照顾女士、保护女士,并主动为女士排忧解难。能够这样做的人,会被视为教养良好。

(五)不必过谦

在许多外国人看来,做人首先需要自信。对于个人能力及自我评价,既要实事求是,也要勇于大胆肯定。不敢承认个人能力,随意进行自我贬低的人,要么事实上的确如此,要么就是虚伪做作、别有用心。所以在与外国朋友打交道时,千万不要过分谦虚,特别是不要自我贬低,以免被人误会。

在同外国朋友进行接触的时候,难免会碰上一些本人未曾经历过的场面,或是难以处置的事情。此时最好的方法就是静观一下他人的做法,努力"从众",与大家保持一致。

二、部分国家礼俗简介

《礼记 · 曲礼上》言:"入境而问禁,入国而问俗,入门而问讳。"体育活动人员经常出国参加比赛,在国外活动期间,要了解与尊重有关国家的文化礼俗,做到因国、因人而施礼。

(一)美国

美国人崇尚进取和个人奋斗,不大注意穿着。相见时,一般只点头微笑,打声招呼,而不一定握手,一般也不爱用先生、太太、小姐、女士之类的称呼,而认为对关系较深的人直呼其名是一种亲切友好的表示,从不以行政职务去称呼别人。在美国等西方国家都有付小费的习惯,认为付小费是对服务人员提供服务的酬劳和尊重。付小费的方式可根据当地习惯灵活运用,例如不必找零钱,或将小费置于茶盘、酒杯下面,或放在招待员手中。有些旅馆、饭店账单上列有10%~15%的服务费,可不另付小费。其他服务,如帮助叫出租车、开车门、取存衣帽、代搬行李等,也应付不低于1美元的小费。但对政府公务员、客机上的机组人员等,是不付小费的。

(二)加拿大

在日常生活中,加拿大人喜欢枫叶,忌白色的百合花,因白色的百合花只在开追悼会时才使用。加拿大人忌讳将加拿大与美国做比较,如听到加拿大人把加拿大分为讲英语和讲法语的两部分人时,切勿发表意见,因为这是加拿大国内民族关系的一个敏感问题。

(三)阿根廷

阿根廷人惯于保持体面,重视礼节,平时人们都很注重仪表和衣着。阿根廷人相见,流行的是握手礼,忌讳以贴身用品为礼物送人,忌讳谈有争议的宗教政治问题。在阿根廷严禁男子留胡须,对满脸胡须者甚至还追究法律责任。

(四)巴西

巴西人感情外露,人们在大街上相见经常会热烈拥抱。无论男女,见面和分别都以握手为礼。女士相见时脸贴脸,虽然唇不触脸,但双方都用嘴发出亲吻时的声音。巴西人忌讳棕色和黄色,他们以棕色为凶色,认为深咖啡色或暗茶色会招致不幸,认为人死好比黄叶落下,紫色配黄色为患病之兆。巴西男人爱开玩笑,但忌以当地的民族问题做笑料。在巴西,因种族关系复杂,与人交往时,切勿轻易探问对方的种族。巴西人忌用拇指和食指连成圆圈而其他三指向上伸出(即美国人的"OK"手势),因为他们认为这是一种不文明的表示。

(五)英国

在日常生活中,英国人注重仪表,崇尚"绅士风度"和"淑女风范"。英国人的见面礼是握手礼,但忌讳交叉握手。英国人与人交往时,奉行"不问他人是非"的信条,也不愿接纳别人进入自己的私人生活领域,邻里之间也很少往来。在非工作时间,一般不进行公事活动,若在就餐时谈及公事更是犯大忌而使人生厌。在英国,送花宜送单数,不要送双数和13枝,不要送英国人认为象征死亡的菊花和百合花,英国人喜欢蔷薇花。谈话时,不要以英国皇室的隐私作为谈资,因英女王被视为其国家的象征。

(六)法国

法国人天性浪漫好动,喜欢交际。在社交场合,比较流行亲吻礼和吻手礼。法国人爱花,在他们看来,不同的花表示不同的含义。百合花是法国的国花。他们忌送给别人菊花、杜鹃花、牡丹花、康乃馨和纸做的花。法国人喜欢有文化和美学品位的礼品,唱片、磁带、艺术画册等是法国人最欣赏的礼品。他们非常喜欢名人传记、回忆录、历史书籍，对于鲜花和外国工艺品也颇有兴趣，不喜欢带有公司标志的广告式礼品。公鸡是法国的国鸟，它以勇敢、顽强的性格得到法国人的青睐。野鸭商标图案也很受法国人喜爱，但他们讨厌孔雀、仙鹤。对于色彩，法国人喜爱蓝色、白色和红色，忌黄色和灰绿色。

（七）德国

德国人勤勉矜持，讲究效率，崇尚理性思维，时间观念强。他们不喜欢暮气沉沉、拖拖拉拉、不守纪律和不讲卫生的坏习气。德国人在交谈中很讲究礼貌，比较看重身份。德国人爱吃油腻食品，且口味偏重，香肠、火腿、土豆是他们最爱吃的东西，他们还爱喝啤酒，但在吃饭、穿衣、待客方面都崇尚节俭。给德国人赠送礼品，务须审慎，应尽量选择有民族特色、有文化品位的东西，不要给德国女士送玫瑰、香水和内衣，因为它们都有特殊的意思。玫瑰表示“爱”，香水与内衣表示“亲近”，即使女性之间，也不宜互赠这类物品。在服饰和其他商品包装上禁用“卍”或类似符号，忌讳茶色、黑色、红色和深蓝色。

（八）荷兰

荷兰是花的王国，郁金香是荷兰的国花。荷兰人是理财的好手，收入虽不少，但乱花钱被看作是一种浪费而为人所轻视。荷兰人注重工作效率，喜欢安静而平和的生活。在荷兰，人们大多习惯吃生、冷食品。送礼时礼物要用纸制品包好，忌送食品。到荷兰人家做客，切勿对女主人过于殷勤。在男女同上楼梯时，其礼节恰好与大多数国家的习俗相反：男士在前，女士在后。荷兰人爱谈政治和体育等方面的话题，忌讳谈及个人私生活。

（九）挪威

挪威人友善而好客，若受邀到当地人家做客，切勿忘记给女主人带上一束鲜花或是巧克力作为礼物。七月、八月和九月初为挪威人享受阳光的季节，在此期间最好不要找他们办公事，否则将会被视为不考虑他人的自私行为。

（十）瑞典

瑞典人享受着“从摇篮到坟墓”的各种社会保障，文化素养也高。人们见面很少有亲吻的习惯,即使恋人也不表现得过分亲昵。同别人见面时,以握手为礼。瑞典人爱吃生、冷食品,喜欢清鲜,不爱油腻。瑞典人忌讳送酒,忌讳蓝、黄、白色组合。

(十一)丹麦

丹麦人敬酒有很严格的礼节和顺序,如主人“请”字未出口,任何人不能动杯,要待主人、年长者、位尊者饮酒之后,才能饮酒。丹麦人有很强的环保意识,尤其爱鸟。在丹麦很少有噪音,人们说话也是轻声细语。丹麦人作风保守、严谨,办事讲究实际,时间观念极强。

(十二)西班牙

西班牙人性格直率,易发火,但争吵后不计前嫌,往往一通争吵后又满面笑容。西班牙人喜欢狮子、石榴。在西班牙,忌送认为与死亡有关的大丽花和菊花。西班牙人非常重视和喜爱葡萄酒,且在饮酒时对酒的温度、酒杯形状、开瓶及斟酒等方面均有不少讲究。

(十三)俄罗斯

俄罗斯是一个重礼好客的多民族国家,其礼俗兼有东西方礼仪的特点。俄罗斯人整体文化素质很高,许多家庭都有极丰富的藏书,他们的“见面礼”是亲吻与拥抱。俄罗斯人对送礼和收礼都极有讲究:他们忌讳别人送钱,认为送钱是对人格的侮辱;他们很爱外国货,国外的糖果、烟、酒、服饰都是很好的礼物。如果送花,要送单不送双,他们认为双数是不吉利的。对颜色的好恶和东方人相似,喜红忌黑。对数字,他们和西方人一样,忌讳“13”,但对“7”这个数字却情有独钟。俄罗斯人喜爱整洁,随便乱扔东西的行为会受到众人的鄙视。

(十四)澳大利亚

澳大利亚人崇尚人道主义和博爱精神。在社会生活中,他们乐于保护弱者。议论种族、宗教、工会和个人私生活以及等级、地位等问题,最令澳大利亚人不满。澳大利亚人最喜爱的动物是袋鼠与琴鸟。在澳大利亚人眼里,兔子是一种不吉利的动物,他们认为,碰到了兔子,可能是厄运将临的预兆。在人际交往中,爱好娱乐的澳大利亚人往往有邀请友人一同外出游玩的习惯,对此类邀请予以拒绝,会被他们理解成不给面子。澳大利亚人不喜欢将本国与英国联系在一起,虽然不少人私下里会对此津津乐道,但在正式场合,他们却反感于将两国混为一谈。澳大利亚人对公共场合的噪声极其厌恶,他们对在公共场所大声喧哗者,尤其是在门外高声喊人的人,是最看不起的。

(十五)新西兰

新西兰人见面一般行握手礼,新西兰的毛利人会见客人的最高礼节则是碰鼻礼。新西兰人守时惜时,待人诚恳热情。新西兰人喜欢狗,钟爱银蕨,讨厌“13”和星期五。

(十六)日本

日本人喜欢奇数(8 例外,9 及其他某些奇数也不受欢迎),忌讳三人合影。日本人没有相互敬烟的习惯。与日本人一起喝酒,不宜劝导他们开怀畅饮。日本人有当天事当天毕的习惯,时间观念强,生活节奏快。日本人很忌讳别人打听他们的工资收入。年轻的女性忌讳别人询问她的姓名、年龄以及婚否等问题。送花给日本人时,忌送白色的花,也不能把玫瑰和盆栽植物送给病人。菊花是日本皇室专用的花卉,民间一般不能赠送。日本人喜欢樱花。在商品的颜色上,日本人爱好淡雅,讨厌绿色,忌用荷花、狐狸等图案。在日本,用手抓自己的头皮是愤怒和不满的表示。

(十七)韩国

韩国人崇尚儒教,尊重长者,长者进屋时大家都要起立,乘车时,要让位给老年人。韩国人见面时的传统礼节是鞠躬。在走路时,晚辈和下级遇到长辈和上级应鞠躬、问候,并站在一旁,让其先行,以示敬意。男士之间见面互相鞠躬并握手,握手时用双手或用右手,女士一般不与人握手。在参加社会活动或宴会时,男女是分开活动的,在家里或在餐馆里也是如此。

在韩国,如有人邀请你到家吃饭或赴宴,应带小礼品,最好挑选包装好的食品。席间敬酒时,要用右手拿酒瓶,左手托瓶底,然后鞠躬致祝词,最后再倒酒,且要一连三杯。敬酒人应把自己的酒杯举得低一些,用自己杯子的杯沿去碰对方的杯身,敬完酒后再鞠个躬才能离开。

韩国人用双手接礼物,但不会当着客人的面打开礼物。酒是送韩国男人最好的礼品,但不能送酒给妇女,除非说清楚酒是送给她丈夫的。在赠送韩国人礼品时应注意,韩国男性多喜欢名牌纺织品、领带、打火机、电动剃须刀等,女性喜欢化妆品、提包、手套、围巾类物品和厨房里用的调料,孩子则喜欢食品,不宜送外国香烟给韩国友人。

(十八)泰国

泰国人见面时,通行的是行合掌礼,双掌相合上举,抬起在额与胸部之间,双掌举得越高,表示尊敬程度越高,但地位高者、老者还礼时手腕不得高过前胸。泰国人喜欢大象与孔雀,白象被视为国宝,荷花是他们最喜欢的花卉。泰国人喜欢红、黄色,尤其喜欢蓝色,视蓝色为“安宁”的象征。他们忌用红笔签名。

(十九)越南

在越南,如遇到同自己年龄相仿的人,不要以“先生”“小姐”“师傅”相称,更不能称“大哥”“大姐”而应礼貌地尊称对方为“二哥”“二姐”。越南人很好客,在南方一些山区做客,可以同他们一起喝“同坛酒”,且第一圈必喝。如不胜酒力,就双手抱拳向右一举,即可不喝了。在路口悬有绿色树枝的村寨和门口悬有绿色树枝的人家,外人不得进入。傣族人忌讳与他们的姓氏重音的事物的名称。

(二十)缅甸

缅甸素有“佛塔之国”之称。进入佛塔、寺庙,或者进入别人家时,必须脱鞋光脚进入。缅甸人认为牛是忠诚的朋友,吃牛肉是一种忘恩负义的行为。在缅甸,“右为大,左为小”,“右为贵,左为贱”,他们遵守“男右女左”的原则。在缅甸,星期天忌送别人东西,星期二忌讳做事。睡觉时,头必须朝向代表光明的东方。

第四章　运动员的礼仪

运动员的礼仪专指运动员在赛场范围内所应该具有的礼仪风范。体育运动的精神主要是由运动员来展现的,体育运动精神要求运动员不但要有超强的体育竞技实力,更要有良好的礼仪修养。运动员讲礼仪,可以为赛场激烈的竞争气氛增添一道温馨的人文色彩。

第一节　比赛礼仪

一、尊重裁判员

任何体育比赛项目都有自己的规则,运动员一定要在遵守规则的基础上进行竞技。裁判员是确保规则执行的法官,他们代表着规则与秩序、公正与公平,享有各单项体育组织赋予的执法权,代表着专业与权威。因此,运动员必须无条件地尊重裁判员。尊重裁判员是运动员最基本的礼仪之一。

运动员对裁判员的尊重包含下面几层含义。

其一,尊重裁判员是对体育事业的尊重。人们都是热爱自己事业的,运动员也一样,要为自己所从事的体育事业进行拼搏并为其增添荣誉而不是去损毁它。裁判员是体育比赛的执法者,运动员不尊重裁判会导致比赛无法正常进行,运动员的个人水平也就无法正常发挥。更为严重的是,对裁判员粗暴地理论、争辩、指责甚至打骂有可能导致运动员自己被驱逐出场或被停赛而断送自己从事的体育事业。因此,作为运动员,不应把过多的注意力放在裁判员是否公正仲裁上,一遇挫折就指责裁判员。优秀运动员总能有效控制自己的情绪,他们将精力集中在比赛上而不是用一些愚蠢的举动来影响自己的前程。

其二,尊重裁判是对裁判职能的尊重。裁判是现代体育竞赛不可或缺的角色,而能登上国际大型赛场的裁判是经过各种形式的选拔后产生的,代表着各项目执法的顶尖水平,像奥运会,各单项体育组织都会对裁判进行相应选拔。裁判员除具有高超的执法水平外,还要具备优秀的执法记录,良好的沟通能力等条件。所以裁判做出的判决是基于其职业行为,代表该项赛事权威部门执法,尊重其判决结果就是对裁判这个职业的尊重。运动员应该从心里尊重裁判的职能,感激裁判的服务。在比赛结束的时候,无论胜败如何,运动员都要主动和裁判握手,并致以微笑和感谢。

其三,尊重裁判是对比赛现场秩序的尊重。裁判在赛场上代表着规则和秩序,运动员尊重裁判就是在为自己和其他队员创造良好的比赛环境。在这方面,运动员应该做到:对出现的误判、错判、漏判或不公平打分等一定要冷静,可礼貌地向裁判简要说明事实,如果裁判坚持原判,运动员应立即继续进行比赛,而不能威逼裁判改判,甚至谩骂、侮辱、追逐、殴打裁判;对于裁判可能的不公平判决,运动员不能有诸如故意损坏器材、大声喊叫或拖延比赛等不良行为。另外,运动员在赛场上对裁判的态度也会影响观众对裁判的态度。运动员首先要做尊重裁判的表率,在裁判与观众有不同意见的情况下要协助化解不良情绪,以维护整个赛场的秩序。

俄罗斯老将涅莫夫在2004年雅典奥运会单杠决赛中的表现就是对比赛现场秩序尊重的最好诠释。第三个出场的涅莫夫以四个空翻抓杠的惊险动作和丝丝入扣的连接,赢得满堂惊呼和喝彩。但大屏幕上最后显示的裁判打分只有9.725分,这个分数比前两个出场的选手低了0.062分。不同国籍的观众同时站起为涅莫夫鸣不平。在无法收场的情况下,涅莫夫走上赛台,双手下压,示意观众停止起哄。嘘声渐止,取而代之的是献给涅莫夫热烈的掌声。涅莫夫没能拿到奖牌,但在运动员退场时所得到的掌声,远远超过奖牌的分量。

其四,尊重裁判是对裁判人格的尊重。作为一个自然人,裁判和其他任何人一样理应受到人格上的尊重,享有不受伤害的权利。运动员辱骂、殴打裁判等行为不仅有损人格,还是违法行为。假如裁判在执法过程中出现了明显的误判,运动员可以通过正常渠道上诉,即使改变不了比赛结果,也是对裁判员的一个提醒,但绝不可在赛场上做出有损裁判人格的事情。

二、尊重对手

奥林匹克运动有一句著名的格言:"更快、更高、更强。"它要求运动员要以坚定的信念、满腔的热情和高度的使命感积极投身到比赛中去,以超越自我和竞争对手。超越自我是运动员不断进步的精神力量,超越竞争对手而成为优胜者则是运动员拼搏的目标。但是,超越应该建立在尊重对手的基础上,运动员只有尊重对手才能发挥自己的真实水平,才能得到别人根本的拥护和尊敬。奥地利作家卡夫卡说:"善待你的对手,方尽显品格的力量和生存的智慧。"不要忌妒对手,而要学会尊重和了解对手,因为竞争对手是运动员的赛场标靶,运动员只有学会尊重和了解对手,才能在与强劲对手竞争时发现自己的不足,才能增强自己的危机感和风险意识,才能总结经验教训,取人之长补己之短。尊重对手,就是尊重自己。

现代体育史上有许多因为对对手的尊重而一直被人们所称道的事例:当年乔丹在公牛队时,皮蓬是公牛队最有希望超越乔丹的新秀,他时常对乔丹流露出一种不屑一顾的神情,还经常说乔丹某方面不如自己,自己一定超过乔丹之类的话。但乔丹却没有把皮蓬当作潜在的威胁而排挤他,反而对他处处加以鼓励。一次,乔丹问皮蓬:"我俩的 3 分球谁投得好?"皮蓬说:"你明知故问什么,当然是你。"因为那时乔丹的 3 分球成功率是 28.6%,而皮蓬是 26.4%。但乔丹微笑着说:"不,是你!你投 3 分球的动作规范、自然,很有天赋,以后一定会投得更好,而我投 3 分球还有很多弱点。我扣篮多用右手,习惯地用左手帮一下,而你左右都行。"这一细节皮蓬自己都不知道,他深深地为乔丹的无私而感动。乔丹不仅以球艺,更以他坦然无私的胸襟赢得了所有人的拥护和尊重,包括他的对手。

在2004年8月16日凌晨的雅典奥运会女子重剑决赛中出现了一个令所有观众感动的场面：弗莱塞尔的比赛装置临时出现了问题，纳吉主动走上前去帮她整理好服装，然后双方才进入比赛。纳吉的这一举动赢得了全场雷鸣般的掌声——尊重对手方显君子之风。纳吉的举动体现了一个优秀运动员的气度和胸怀，她不仅拿到了奖牌，更赢得了对手和所有观众的尊重。

2006年11月30日多哈亚运会女子乒乓球团体1/4决赛中国队与日本队的比赛中也有类似的场景：郭跃与福原爱打到第三局的关键时刻，郭跃发球擦网，裁判没看见，福原爱又示意迟了，裁判判郭跃得分。郭跃后来用主动失误还了福原爱1分，教练施之皓也赞许地笑了笑。这一局郭跃输了，为电视台解说的杨影客观地总结说："要是郭跃不还那1分，当时福原爱就落后3分，这一局恐怕郭跃就拿下了。"其实郭跃主动输这1分比赢那一局更有意义，年轻的郭跃懂得公平竞争，懂得赛场礼貌，这才是世界一流运动员的精神面貌。

运动员尊重对手主要体现在以下几点。

其一，进入赛场后，双方队员应该真诚地相互点头致意或握手问好，不要蜻蜓点水式地走过场。在做赛前热身活动时，需要双方配合的项目如乒乓球、羽毛球等，运动员应该相互尊重，主动捡球，积极跑动，不做极端动作。

其二，在比赛过程中，竞赛双方无意中难免有一些不当的言行或动作，这时一定要谅解对方，不应该"以牙还牙"地报复对方。运动员不应该有故意干扰对方的举止，如用小动作干扰对方或在比赛中磨蹭时间等。在任何情况下，运动员都不能谩骂对手，也不能用动作或表情激怒或侮辱对手。

其三，比赛双方总有水平高低之分，作为强者，不能趾高气扬，得意忘形，不能在对手失误或比分落后的情况下讥笑或鄙视对方；作为弱者，要以实力顽强地与强手抗争到底，不能由于心急而摔打比赛器具或故意伤人。

其四，比赛结束时，双方要握手示意友好。优胜者应该主动和对手握手，并致以微笑；失利者要通过握手向获胜者祝贺，不能表现出不高兴甚至恼羞成怒。

值得注意的是,在赛场上经常看到个别运动员在与对手握手时,只是把手伸过去碰对方一下,眼睛都没有瞧对方,这种不礼貌的握手确实有失风度,还不如不握。原中国奥委会副主席魏纪中谈到赛场上的文明、礼貌时曾经说过,在他接触过的数不清的外国运动员中,有一个人给他留下的印象特别深,那就是匈牙利乒乓球运动员西多。20 世纪 50 年代,西多常到中国来比赛,由于年龄渐大,身体又胖,他在中国的比赛基本是输球多,赢球少。但他在输球后表现得特别有风度,总是由衷地夸奖对手说:“啊,你今天打得真好!”魏老感慨地说:“现在的运动员比赛输了以后,最多是向对方祝贺一下,但是像西多那样发自内心地赞扬对手的情形已经很少能够见到了。”正是西多对对手的充分尊重而使魏老记住了他。

三、尊重观众

体育是建立在群众基础上的,离开了群众基础,也就失去了根本。再精彩的体育比赛如果没有观众的喝彩和支持,就会变得没有意义。运动员应该珍惜观众的支持,在比赛中要对观众负责,尊重观众欣赏比赛的权利。尊重观众是一个运动员的必备素质,它包括以下几方面的内容。

其一,在上场比赛时运动员应该精神饱满,斗志旺盛,面向四周的观众要鞠躬行礼或挥手致意。

其二,比赛中,运动员与观众应该是互动的,运动员要尽自己最大的努力,发挥最佳水平,使观众在激烈的竞争中欣赏自己的技艺并得到美的享受。运动员要坚决避免那些漫不经心、自暴自弃、弄虚作假或中止比赛的做法,这些行为不仅践踏了体育精神,也是对热心观众的不尊重。观众想看的是真正的竞技,一个运动员,不论是否获得名次,只要在比赛中进行了顽强拼搏,必将受到观众的尊重。

其三,观众看比赛一般都带有倾向性,观赛时会热情地为自己倾心的运动员(运动队)加油鼓劲。而热情的观众,热烈的比赛场面更容易激起运动员的激情,使比赛的争夺更激烈,这也正是竞技体育的魅力所在。要注意的是:当观众对某个运动员或某一阶段比赛不满意时,往往会通过声音将其不满表现出来。这时,运动员要排除干扰,不受影响,坚持比赛,不要在赛场上无谓地耍脾气、扔比赛器具甚至拒绝比赛。我们说,在这种情况下,运动员越是尊重观众,努力通过自己出色的表现来证明自己,越能赢得观众的掌声和拥护。

其四,在比赛结束时,不论是输是赢,运动员都要有礼貌地向观众致谢。在离场时,如果有观众拥上前来握手或请求签名题字,运动员都要热情应对,不能冷落观众,伤害其自尊心。

四、尊重自己

中国传统文化强调一个人要自尊、要知耻,要在品格和行为上严格要求自己,只有这样才能赢得别人的尊重。一个自轻自贱的人是不会获得别人尊重的。运动员尊重自己首先要尊重自己的实力,不通过作假、舞弊和蒙蔽对手等拙劣手段来取胜。其次,运动员要漂亮地登场,完美地谢幕,无论输赢,在赛场上都要做到有始有终,坚持到底。再次,运动员要尊重自己的言行,不要使其成为别人的笑柄。

竞技体育较量的是胜负高低,比赛结果肯定有输有赢,能正确地对待输赢,也是运动员尊重自己的体现。运动员赢得比赛后,表现得欣喜若狂,这完全可以理解。但有的运动员在激情难耐的情况下,常常会做出一些粗俗的行为,如把衣服撕了,跪到地上甚至躺在地上大吼大叫长时间不起,疯狂抛掷手中的比赛器具等,这些行为让人看了很反感。而当输了比赛后,一些运动员又有另外一种低俗的表现,如踢桌子、砸球拍、怒视对手和观众、赛后拒绝与对手握手等,这些行为用通常的话说叫作输不起。运动员如果输不起,就算水平再高,也不会因此而赢得相应的赞誉。毕竟观众是来欣赏比赛的,不是来看哪个运动员因不如愿而大耍脾气的。

一个运动员在大庭广众之下的表现,是构成其个人形象的一个重要组成部分。运动员只有尊重自己,才能获得别人的尊重和喜爱。

敬爱的周恩来总理曾经说过他最喜欢的运动员是日本乒乓球运动员松崎君代。他说:"这个运动员好,我们大家都应该向她学习,因为她在比赛中始终面带微笑。"松崎君待在比赛中始终如一的笑就是运动员要自尊的最好诠释,因而赢得了周总理对她的喜爱。

体育从来都不应成为只见奖牌、不见精神的单纯竞技。一名运动员在赛场上的个性展示绝不能以亵渎体育精神为代价。那些尊重比赛、尊重自己、顽强拼搏,真正体现奥林匹克精神的运动员就算在比赛中拿不到奖牌也一样能赢得世人的尊敬。

五、尊重队友

很多体育项目是多名运动员参与的集体竞技项目。在比赛中,运动员之间的相互配合是技、战术发挥的基础。因此,团结奋进、顾全大局、尊重队友就构成运动员道德修养的又一个重要内容。尊重队友主要体现在以下几个方面。

其一,集体比赛项目要求本队运动员之间相互配合、相互信任,以使全队的整体水平得以充分发挥。比赛中运动员不要一味地突出自己、表现自己而不与队友配合。个人主义 2004 年雅典奥运会澳大利亚篮球队员和英雄主义往往导致比赛的失利,并对全队的团结和士气产生消极影响。

其二,当遇到队友失误或与自己配合不好时,要以适当的方式安慰和激励队友,如与队友击掌、微笑着向队友点头示意等,而不要指责或谩骂队友。队员之间只有相互团结、共同进取才能取得好成绩。

其三,在比赛中,同队队友之间争夺冠亚军的现象时有发生。在这种情况下,除了在比赛过程中要尊重队友外,在领奖时更要心服口服地尊重对方。有的队员自认为自己水平高,可在比赛时偏偏又发挥失常而没有拿到金牌,就对拿到金牌的队友产生鄙视、妒忌甚至怨恨的情绪,在领奖时脸若冰霜,不与队友握手祝贺,甚至赛后也拒绝与队友表示友好。这些行为都违反了体育竞技的基本道德,是与优秀运动员所应有的素质背道而驰的。

六、尊重教练

在集体项目比赛中,教练员事先都要为运动员制定一定的战术,其中包括运动员的上场人选和替换人选。作为运动员,要尊重教练对你的选择,要用最正常的方式来表现你自己的能力和水平。如果自己被安排为候补队员,在场下不要有怨气,不要指责场上运动员的表现,自己有机会上场时要兢兢业业地参加比赛,不要消极怠工。场上的队员被替换下场时,要愉快地与观众招手致意并迅速离场,不要由于自己被换下而摔打器材或咒骂教练。

运动员有时对主教练有意见,这是很正常的事情,但是在赛场上运动员无论如何都要听从教练安排,这是一个运动员基本的职业素养。

七、合理申诉

运动员在比赛中遇到不公平待遇,可以向裁判员、比赛仲裁委员会和比赛技术委员会提出申诉,但申诉必须在比赛结束后进行。运动员不能因为遇到不公平待遇而中途退出比赛或拖延比赛,也不能由此而拒绝领奖。

第二节　领奖礼仪

颁奖仪式是在比赛结束后,对在比赛中取得优秀成绩的运动员进行嘉奖的、隆重而热烈的礼仪活动。大型赛事的颁奖仪式,往往还伴随庄严的升国旗、奏国歌等仪式。当运动员经过努力拼搏终于站在高高的领奖台上接受奖牌时,激动之情溢于言表,但此时此刻,运动员千万不要忽略了领奖礼仪。

一、登上领奖台

运动员参加颁奖仪式时,要修饰自己的仪容仪表,穿好领奖服,擦净脸上的汗水,到大会颁奖地点等候。无论自己的名次如何,运动员在此时此刻都要像英雄一样面带笑容,精神饱满。

主席台依次按照季军、亚军和冠军的顺序宣布获奖运动员名单。运动员听到自己的名字后要信步登上领奖台,然后向观众招手致意并与同台获奖运动员握手以示相互祝贺。这些礼节性的动作完毕后,运动员要姿势端正地站在领奖台2006年多哈亚运会撑竿跳冠军高淑英登上领奖台上,切忌左顾右盼,交头接耳,也不要有小动作。集体项目运动员上台领奖时,队伍要整齐,一般由队长代表本队与他队队长握手,其他队员则保持良好的站立姿态。

二、接受奖牌

在接受奖牌时,运动员一定要彬彬有礼,面带微笑,感谢之情要由衷而发,不能傲慢敷衍。授奖之前,经常会有礼仪小姐向运动员献花或赠送小礼品,这时运动员应该倾身向礼仪小姐点头致意,双手接过鲜花的同时说声"谢谢",然后左手持花,自然挺立,静等授奖。授奖时,颁奖者会把奖牌戴在运动员的刘翔接受奖牌脖子上,运动员要欠身以方便颁奖者给自己戴奖牌,同时要说"谢谢"。在受到握手或亲吻时,应愉快接受,并致谢意。接受奖牌后,运动员要举起奖牌向观众致意,并给记者留一定的摄影时间。

三、升旗仪式

在国际比赛的颁奖仪式上,当运动员接受奖牌后,现场将升起获得前三名运动员所在国的国旗,同时奏响冠军所在国的国歌。

国旗是一个国家的象征和标志。《中华人民共和国国旗法》第十三条规定:举行升旗仪式时,在国旗升起的过程中,参加者应当面向国旗肃立致敬,并可以奏国歌或唱国歌。颁奖仪式上的升旗仪式是一个非常严肃、隆重的过程。当五星红旗冉冉升起的时候,我国运动员应将身体转向旗杆方向,庄严肃立,双眼凝视国旗徐徐升起,如果手中有花,运动员应该左手持花,右手自然垂放,中国人用这样的方式表达对国旗的敬意跟崇尚含蓄的传统文化是密切联系的。相反，西方人的情感比较开放、外露，再加上有宗教信仰的影响，运动员常会采取一些特别的手势、动作表达对国旗的敬意，如右手抚胸等。对这些特别的手势、动作，我国运动员不要当作一种时尚来盲目模仿，应理智地加以辨别、对待。要知道这是在国际比赛的平台上，运动员、教练员和现场观众的言行举止要能充分展现自己的民族特色和气节。

如果随着国旗升起奏响的是中华人民共和国国歌，站在领奖台上的中国运动员可以跟着乐曲用正常音量唱国歌。如果奏响的是其他国家的国歌，站在领奖台上的中国运动员也应该庄严肃立。即使中国队员没有获得前三名，当赛场上升起别国国旗，奏响他国国歌时，在场的中国人也要给予同样的尊重。

在赛场上，夺冠的中国运动员为了表达自己的情感，往往会与国旗一道绕场一周，这种行为极大地振奋了国人的民族自豪感。要注意的是，运动员举国旗绕场跑时应清楚地知道：国旗是中华人民共和国的象征和标志，每个公民和组织，都应当尊重和爱护国旗，不能对国旗有丝毫的不敬。例如，单个运动员举国旗绕场跑时，应该双手拿住国旗的顶端，举过头顶；两名或两名以上的运动员在绕场时，应该擎着国旗的四个角行走。无论如何运动员都不能随随便便地把国旗披在身上、挂在脖子上或揉攥在手里，更不能用国旗来擦拭汗水，在走或跑时国旗不能拖地，也不能掉在地上。为了做到整体和谐，运动员最好事先有所准备，选择大小适合的国旗尺寸。

四、回报观众

颁奖仪式结束后，获奖运动员有时会在礼仪小姐的带领下走进观众席绕场行走，这时运动员对观众一定要彬彬有礼、落落大方。当观众要与运动员握手时，运动员要伸手相握并表示感谢；当观众要拍照时，运动员要积极给予配合，把自己最漂亮的一面奉献给观众；当观众索要签名时，运动员要认真地留下自己的笔迹……运动员此时千万不要傲慢无礼，人的品格比奖牌更重要。

第三节　面对媒体礼仪

运动员在比赛期间经常会接受记者采访、出席新闻发布会等。面对公共媒体，运动员应该保持乐观、谦虚、严谨的态度，行为举止要文明得体，既不要因胜利的喜悦而得意忘形，也不要因失利的烦恼而变得郁郁寡欢。

其一，运动员如因为某种原因不能接待来访记者，应有礼貌地婉言谢绝，如果记者想另约时间，可根据情况具体安排。对于有些不希望记者公开报道的谈话内容，应坦率地对记者说明，运动员也有权审阅记者写好的新闻稿。

其二，在大赛前的记者采访或发布会上，作为国家队成员，有责任保守机密。机密主要指赛前准备、比赛计划、上场阵容，以及运动员、教练员之间的各种关系。大赛前，一般不向记者发表有关内部情况的议论。

其三，单个项目比赛结束后，运动员可以自愿接受混合区内新闻媒体的短暂采访，如有特殊原因，不能接受采访，要婉言谢绝。在比赛失利的情况下，运动员更要尊重媒体和记者，不能不理不睬，态度傲慢。

其四，运动员应该按照赛事组委会要求，出席赛后为获奖运动员或团队举行的新闻发布会。运动员在回答记者提问时，要实事求是、有礼有节。作为优胜者，不能夸夸其谈、目空一切，应该真诚地感谢祖国的培养、教练的栽培以及同队队友的共同汗水，也不要忘记肯定对手的长处；如果自己发挥得不好，没有登上领奖台，则不要自怨自艾或指责抱怨他人，要真诚地肯定对手的成绩并向对手表示祝贺。

第五章　教练员的礼仪

教练员依据运动原理向运动员传授体育运动项目的技术和方法，指导运动员认清自己的劣势和不足并做出相应调整，以提高运动员的竞技技能和水平，是运动员学习、训练和比赛的总指导人。同时，教练员又是运动员思想和行为的培养者和影响者，教练员只有以高尚的人格和文明的行为来为人师表，才能培养出德才兼备的优秀运动员。教练员的榜样作用对运动员的影响是巨大的，这种影响不仅在他们的职业生涯中存在，还可能会影响他们的一生。

第一节　教练员的礼仪修养

在体育活动中教练员与运动员的接触最频繁、关系最密切，作为运动员生活和项目技能的指导者，教练员自身的礼仪修养程度直接影响着运动员在生活中或在赛场上的礼仪表现。教练员应当充分认识到自己对运动员的责任和影响，不断地加强礼仪修养，成为运动员各方面学习的楷模。

一、注重仪容仪表

教练员的仪容仪表在运动员的心目中至关重要。一般情况下，不修边幅的教练员带出的运动员，往往生活上不拘小节，不文明的语言和行为发生率较高，纪律较差；而衣着整洁大方、仪表庄重的教练员带出来的运动员往往注重内在美和外在美的结合，对学习和生活充满信心和希望，具有坚强的心理承受力和耐挫力。所以，教练员在运动员面前应该时刻保持良好的仪容仪表。

二、规范行为举止

教练员的行为举止对运动员时刻起着榜样和潜移默化的作用,在运动员心目中教练员的举手投足都是可供仿效的榜样。为了使运动员获得真、善、美的影响,教练员对自己的行为举止必须检点。例如,教练员在工作时不能吸烟、在训练前不能喝酒,不能有赌博等不良习气;教练员在公共场合应该有良好的坐、立、行姿势;在社交场合中应该有温文尔雅、从容大方、彬彬有礼的行为举止等。

三、塑造高尚人格

每个教练员的人格时时刻刻都在给运动员提出暗示,做出榜样,影响着运动员的行为。作为教练员,自己首先应该具有为国争光、积极进取、遵纪守法、尊重他人等高尚人格,才能在日常训练时以自己的人格魅力来教育和同化运动员,才能使运动员在国际大赛上表现出具有国家意识,能坚守体育道德,能尊重裁判员和对手等的良好言行。

第二节　教练员在训练场上的礼仪

对于运动员而言,教练员是建立运动道德标准的关键人物,教练员的道德观念和态度直接影响着他们领导的运动员的行为,因此,教练员应该意识到自己每天在训练时的决定和行动以及每个战略目标都具有道德教育作用。

一、行为和语言之美

体育训练主要是通过身体活动而进行的教育,蕴含着丰富的身教内容。教练员对运动员进行体育训练时,要注重塑造自己的良好形象,努力做到行为美和语言美。

教练员的行为美主要是指教练员在身教时应该具有熟练、协调和优美的演示性操作，具有乐观、自信、热情和饱满的精神状态，这些良好的形体表现，对运动员行为的影响是举足轻重的。事实上，教练员的一举一动都潜藏着一定的教育作用：如在夏季训练中，教练员表现出衣着整齐、不畏酷暑、精神抖擞的体态面貌，能高质量、高标准地完成各种动作示范与演示，就不仅能体现出教练员的素质，也能增强运动员训练的信心和勇气；相反，如果教练员在训练时精神委顿、动作敷衍、衣衫不整甚至袒胸露背，就不会有好的训练效果，教练员自己也很难得到运动员的尊重。因此在训练过程中，教练员要时刻注意自己行为所带来的结果，要把美的行为传授给运动员。

教练员的语言美主要是指在训练过程中，教练员要使用文明的、令人振奋的激励语言从心灵上启迪运动员。人是需要友善和激励的，特别是运动员，长年累月的单调训练有时会使他们身心疲惫，难以超越自己，这时如果教练员能恰当地运用语言的魔力来激励运动员，就有可能激发运动员的潜力而有新的突破。研究表明，教练员对运动员的赏识训练往往能使运动员取得更好的运动成绩，所以说，赞赏性的语言应成为整个训练过程中的主旋律：教练员对运动员所做的动作，应多鼓励，多表扬，即使出现错误动作，也要耐心帮助，不能出言不逊，取笑运动员，更不能讽刺、挖苦、伤害运动员的自尊心；教练员在讲解动作要领时，语言应该和蔼、简洁、准确、形象；教练员在使用“口令”和“口号”时，声音要洪亮、充满激情，使训练过程充满生机。

二、尊重运动员

积极、健康、融洽的师生关系是运动员个性和谐发展的重要条件，是促进体育训练活动取得成功的重要因素。作为教练员和运动员，彼此要相互尊重，教练员尊重运动员主要体现在以下几个方面：

其一，教练员必须基于相互信任和尊重的基础与每个运动员建立正确的师生关系。运动员在训练过程中会出现技术动作不规范，成绩提高不快等这样那样的不如意，教练员要帮助他们改进、提高，这需要时间和耐心。

其二,教练员必须尊重运动员的人格和承认每位运动员的能力,这包括尊重运动员发展的权利,使他们的身体不遭受折磨。当教练员对运动员的训练成绩很不满意时,不能以粗暴、冷漠、尖刻的语言挖苦谩骂运动员,更不能对运动员实行体罚或变相体罚。因为这样做有可能使运动员对自己的能力以及教练员帮助他的能力发生怀疑,造成思想上的混乱,给运动员的心灵带来巨大的创伤。金牌固然可贵,为国争光固然荣耀,但是这一切必须建立在尊重运动员最起码的权益和人格的基础之上。事实表明,那些从不体罚运动员、与运动员关系很融洽的教练员,培养出的运动员大都能自觉遵守纪律,刻苦训练,积极向上。

其三,在训练中要尽量避免过于严肃,要确保运动员开心。有的教练员认为运动员都很幼稚,为防止他们犯错,必须完全控制他们的言行举止,全面地加以管束。实际上,这样做会给运动员带来消极影响,导致训练时不敢"乱说乱动",影响对训练内容的理解,破坏训练气氛的和谐,从而对运动员的身心健康造成不良影响。

其四,教练员必须对青少年运动员训练担负更多的责任。教练员必须保证训练环境的安全与合理,要充分考虑运动员的年龄、发育程度和技术水平,这对年龄较小或训练水平较低的运动员尤为重要。

三、践行体育精神

在培养运动员的过程中,教练员既要提高运动员的竞技水平,又要重视对运动员体育道德的培养,否则即使运动员拿了金牌,也未必能赢得人们的尊敬。在日常训练中,教练员应该从自己做起,带领运动员践行体育精神,把体育道德深深地根植在运动员的心中。例如,教练员应该以身作则尊敬训练场馆里的每一个人,包括清洁工人;应该爱护体育设施,保持场馆干净整洁;教练员和运动员应该仪表整洁地进入训练场地,运动员必须穿着训练服装;教练员和运动员必须承认和遵守项目竞赛规则,要在训练中体现其实质,从而保证所有运动员训练和比赛的公平性；教练员要拿出专门的时间对运动员实施挫折训练，使运动员能够正确承受成功和失败的心理体验，教练员也要告诉运动员怎样得体地表达对比赛输赢的感受；教练员要教会队员必须服从裁判及与裁判处理好关系；训练场上要杜绝污言秽语等等。教练必须一直致力于推广运动的积极方面，永不宽恕违反比赛规定、与体育精神相悖或是使用禁忌产品或技术的行为。

第三节　教练员在赛场上的礼仪

运动员在赛场上的表现也是对教练员业绩的检验。赢得比赛固然是教练员最关心的问题，但如果说金牌的赢得掺杂着不公平的竞争因素，那么，这枚金牌就违背了体育精神而变得没有任何价值。所以，教练员要坚决摒弃以不道德行为来赢得比赛的态度，包括行贿、串联、结盟、假赛、搞交易、怂恿运动员服用兴奋剂等。教练员在临场指挥比赛时，不论在什么情况下，不论遇到什么问题，都要从大局出发，都要沉着、冷静，要以身作则地与运动队员席的成员和正在比赛的队员一起遵守规则，服从裁判，确保比赛的顺利进行和圆满结束。

一、规范自己的言行

在比赛进行时，教练员须在赛场的指定位置指导，不能进入比赛场内，不能在场上呼喊、吵闹。教练员不能以任何方式分散或干扰对方运动员的注意力或强行使比赛中断。在临场指挥中，教练员要严格控制自己的过激行为，不能以错误言行诱发运动员或观众闹事，也不能为情绪失控的运动员或观众推波助澜、火上加油。

二、正确引导运动员

教练员要对运动员的赛场表现和行为负责，同时还要鼓励每个运动员的独立性，使运动员对自己所做决定、行为和表现负责。教练员要鼓励自己的队员通过正当的手段和方法,靠自身的实力,学会利用规则和规定来达到取胜的目的,而绝不允许怂恿自己的队员采用不正当的竞争手段取胜,包括教唆、强迫运动员使用违禁药物。另外,教练员要尊重运动员并用积极的行为引导运动员发挥水平,这主要体现在以下几点。

其一,要保持冷静的头脑。在紧张的比赛时刻,运动员可能出现诸如兴奋、抑制、注意力不集中等心理变化,个别队员甚至会出现肌肉僵硬、紧张、场上不积极、不服从裁判等有碍比赛的反应,遇到这些情况,教练员应保持冷静的头脑,要通过积极的手段如正当的技术暂停等引导队员走出困境;比赛时,也经常会有情绪激动的观众大发嘘声,以及对方运动员严重违规影响己方成绩等不利因素,这时,教练员仍然要保持冷静的头脑,不要泄愤于周围环境,更不能有极端的做法。州立俄亥俄大学橄榄球队传奇教练伍迪·海耶斯就是因为在美国大学生橄榄球联赛中,看到对方后卫鲍曼跨越界线抢球,盛怒之下将对方球员一拳打倒在地而丢掉了教练职务。

其二,要及时了解赛况,及时反馈。赛场情况瞬息万变,运动员只有知己知彼,才能更好地调整战术,赢得比赛,作为教练员要及时了解比赛情况,冷静地分析各队形势,及时反馈给参赛队员。例如,在第六届亚冬会冬季两项赛场上,中国冬季两项队的德国教练西尔伯特细心记录每一名参赛运动员到达的时间、脱靶的情况,不时地与站在身边的教练梁新安、王伟义交流;王伟义通过对讲机把对手、自己队员的情况告诉沿途的工作人员,让他们适时地把信息传达给运动员;梁新安拿着一个简易的靶位模型,通过望远镜观察中国运动员打靶情况,并在模型上标示出来以帮助运动员打完靶后及时了解自己的打靶情况,以便在下一轮的比赛中加以注意。

中国冬季两项队领队王文刚也带着对讲机,他说:“在前方的赛道上,每隔一段就有我们的工作人员,我们通过对讲机及时地把教练的战术意图传达给运动员,另外也让运动员了解一下对手的情况,确定自己在比赛中的位置。”

先后两次获得冠军的中国冬季两项队女队员刘显英说:“比赛过程中,教练把许多信息传递给我，让我知道自己在比赛中所处的位置，以便全力以赴地去拼比赛，能够夺得这么多的金牌都是教练指导有方。”

其三，要正面鼓励运动员。运动员特别是年轻运动员在成长过程中带有较强的依赖性。完成任务好的运动员，希望能得到教练员的表扬和肯定；比赛失常的运动员则更需要教练员去安抚和鼓励。教练员轻轻地摸一下运动员的头或是拍一下肩，甚至一个肯定的点头微笑或者鼓励的手势，都会使运动员感到一种信任和激励而在接下来的比赛中表现更出色。所以，教练员千万不要忽略这一点，否则会使表现失常的运动员感到无助从而更加悲观和失望。

其四，不要给运动员施压。在赛场上，特别是在大型国际赛事上或者有国际大牌运动员一起参赛时，运动员的紧张程度是可想而知的。教练员在指导时如果过分强调取胜只能使运动员更加紧张而影响水平的正常发挥。这时，教练员应该有意识地缓解运动员的紧张情绪，使运动员放松并将注意力集中在比赛的技术技巧和战略战术上。

其五，不要过分批评运动员。当运动员在赛场上没有发挥出应有的水平或出现重大失误时，教练员不能粗暴地批评或讽刺挖苦运动员，而应当首先肯定运动员表现好的方面，然后艺术性地告诫运动员要注意什么，应该做到什么或要避免什么，即便是必要的批评，也应当是建设性的。教练员对运动员发脾气、不文明的谩骂、责怪以及摔东西等只能增加运动员的压力，只能使运动员在队友面前感到难堪，只能产生与预期相反的效果。

三、尊重裁判和观众

教练员必须对裁判和技术官员表示应有的尊重，接受和配合裁判工作，保证在现有规则基础上比赛的公正进行。

作为教练应为运动员树立正确的比赛观，通过言传身教使运动员明白：比赛的结果决定于双方实力的对比，决定于运动员临场水平的有效发挥，决定于本队技术的训练水平。比赛结束后，无论输赢都不要抱怨裁判员。队员输了比赛,教练员不从自身寻找原因而是一味地抱怨裁判员,只会助长运动员推卸责任的不良心理,对运动员以后的成长是毫无益处的。当比赛中出现错判、漏判或者裁判之间判罚不一致时,教练员应该用合适的语气,在被允许的情况下向裁判说明,而不应出现从板凳上跳起来发脾气甚至威胁裁判等过激行为,因为那样做不但于事无补,而且会给公众留下一个没有体育精神的印象,严重的甚至将成为一个反面典型而遭世人耻笑。

在 1988 年汉城(今首尔)奥运会上,韩国拳击运动员道丁一的教练因对裁决不满而殴打当值裁判瓦尔克事件被认为是有史以来对业余拳击赛最沉重的打击,成为该届奥运会上最野蛮且最没风度的一幕。

在该届奥运会的一场拳击比赛中,韩国选手道丁一发挥出色,频频击中对手欧洲冠军保加利亚的赫利斯,但由于他比赫利斯矮一头,所以多数被判无效。道丁一的教练对此十分不满,大声呵斥裁判不公,且几次跃跃欲试想上台找裁判理论。道丁一虽然在比赛最后两次击中对方,但自己也两次跌倒。裁判最终宣布赫利斯获胜。道丁一的教练和助理教练再也抑制不住心中的愤怒,一下子跳进场地,揪住瓦尔克拳打脚踢,几名韩国官员也以劝架为名,趁机大打出手,观众也跟着骚动起来,拳台乱成一团。当人们把瓦尔克从台上拖下来时,他已是面目全非了。

事后,参与此次事件的行凶者被处以严厉的处罚,韩国国内媒体及国际奥委会的一些委员们也都认为这届奥运会的最大丑闻不是加拿大短跑名将本·约翰逊的兴奋剂事件,而是这场不光彩的意外。

教练员和运动员一样,对看台上观众的表现要予以理解和尊重,不能鄙视或谩骂观众。事实上,观众的表现往往是与教练员和运动员在赛场上的表现相呼应的,教练员和运动员只有以顽强拼搏的精神和良好的体育风尚才能赢得观众的掌声。所以在比赛时,教练员、运动员和观众要形成良好的互动,要彼此欣赏和鼓励。在比赛结束后,教练员除了要感谢裁判的辛勤服务外,还要带领队员感谢支持自己队伍的观众。在 2006 年亚运会中国男子足球队与伊拉克队首场小组赛时，中国队大半场都以 10 名队员迎战伊拉克 11 名队员，最后中国队艰难取胜。终场哨响，中国队员们奔向替补席边的主教练来庆祝来之不易的胜利，这时中国队主教练杜伊科维奇大手向前一指，让全体队员先去远方看台向自始至终为中国队摇旗呐喊的球迷致谢。这些球迷不过百十来人，可是主教练注意到他们，尊重他们，也要让自己的队员讲礼貌，尊重人，这让我们看到这位名帅令人钦佩的大家风范。

第六章　体育工作人员的礼仪

体育工作人员包括裁判员、志愿者、体育记者以及其他与体育活动相关的一切工作人员，他们是体育赛场最重要的服务人员。体育工作人员礼仪是指体育工作人员在履行服务职责过程中，应遵循的礼貌、礼节和仪式。体育工作人员礼仪是体育工作人员思想道德风尚和文化素养的外在体现，是高质量、高水平履行体育服务的重要标志。

第一节　裁判员礼仪

裁判员是体育赛场上比赛规则的执行者，肩负着光荣、神圣而崇高的使命，职业要求他们必须公正执法。然而，裁判员并不仅仅是“执法者”，他们更是体育竞赛精神文明的传播者，裁判员的临场风度、执法风范和协作精神往往更为人们津津乐道，正是这些品质决定了裁判员在人们心目中的形象。

一、裁判员的临场风度

裁判员的临场风度是裁判员在临场时的举止、姿态、言谈等的综合体现，它与裁判员的气质、修养、长期养成的生活习惯及训练有关。优秀裁判员的共同特点是风度不凡、举止得体、镇定自若、目光敏锐，使参赛运动员和教练员顿生敬畏。优秀裁判员的临场风度主要体现在以下几个方面：

其一，自信。自信是裁判员临场风度的源头，自信能带来乐观的情绪和勇气，能消除和防止临场时产生的害怕和自卑心理，能提高临场判罚的果断性和坚决性，特别是在执裁有国际知名体育明星参加的比赛项目时，裁判员的自信尤为重要。如果裁判员缺乏自信心,在宣判上表现得犹豫不决,或者虽做出了宣判却又表现得不够理直气壮,那么,即使最终做出了正确的裁决也很难获得运动员的信任,从而影响运动员执行宣判的行为。事实上,因为对裁判员的宣判不满,而导致比赛场面难以控制的例子比比皆是。例如,在2006年世界杯足球赛荷兰对葡萄牙的比赛中,由于俄罗斯主裁伊万诺夫前后判罚尺度不一,出现了接连不断的“红黄牌大战”,直接导致球员情绪失控,以致最终场面失控,人为地把赛场变成了“战场”。

其二,仪表优美。仪表美是裁判员临场风度的重要组成部分。临场时,裁判员应该衣装整齐,佩戴裁判员胸徽;在站立、行走和跑动时,裁判员要保持灵活、稳健、洒脱的形象;在指挥比赛时,裁判员的手势要规范、大方、自然、美观、果断、有力。裁判员的形体健美、面容睿智、仪表庄重、举止潇洒可以体现出裁判员良好的精神风貌,这种风度是与体育竞赛场面相和谐的,也是裁判员带给运动员和观众的一种体育精神的熏陶。

其三,语言简练、哨音洪亮。裁判员的执裁语言要标准、简练、吐字清晰;执裁哨声要短促有力、洪亮;在解决纠纷时要态度诚恳,以理服人,不拖泥带水。

二、裁判员的执法风范

裁判员是体育竞赛中的执法者。裁判员不仅要精通执裁项目的比赛规则,熟谙执裁技术,更重要的是在实施裁判工作时要维护体育精神,公正执法,以优良的职业道德践行“严肃、认真、公正、准确”的裁判八字方针。在礼仪上,裁判员的执法风范主要体现在:

其一,公平公正。在比赛的整个过程中,裁判员要始终保持清醒的头脑,时刻注意运动员的每个动作,公正地做出评判,特别是在运动员实力相当或争夺冠亚军的比赛时,裁判员更应当做出公正准确的评判。在裁决中不能由于运动员的国籍、队别、头衔、名气等原因而有意偏袒某一方,导致参赛队的水平不能正常发挥,影响比赛的最终结果。裁判不公,是困扰国际体育界的一个难除的毒瘤，它践踏体育精神，败坏社会风气，与精神文明和道德建设背道而驰。裁判员应排除一切干扰，在赛场上不送人情，不做交易，时刻坚守和践行“规则至上、公正无私、诚实谦虚”的裁判信仰。

其二，果断裁决，爱护队员。对于对抗性激烈的体育比赛项目，裁判员应精确地反映双方运动员在进攻和防守中的成绩，同时还要严格按照规则的精神，对运动员有意无意地犯规以及不合理动作应该立即进行制止和判决，以防止创伤事故的发生，保护运动员的健康和安全。如在执裁拳击比赛时，裁判员要控制好比赛进程，防止水平悬殊的运动员继续比赛。

其三，举止有度，遇变不惊。临场裁判员要有较高的心理素质和赛场控制能力，在处理突发事件时必须做到临危不乱、机智果断。赛场上有些事情是难以预料的，如队员对裁判员的判罚不理解，对裁判员偶尔的错判、漏判不谅解，不能容忍对方不可避免的犯规以及对方队员挑逗性的动作和刺激性的语言，观众有倾向性的鼓掌和起哄等。遇到这些情况时，裁判员要举止有度，处置得当，要以最短的时间解决问题。如果裁判员急躁、失态，缺乏沉着应付、冷静对待的意志品质，在处理问题时就会顾此失彼，激化矛盾，也得不到参赛者和观众的尊敬。除此以外，裁判员在执法时还要有清醒的头脑和敏锐的洞察力，高度注意运动员的心理变化和比赛气氛的变化，排除一切干扰，及时扭转和控制对比赛的不利情形，做到防患于未然。

三、裁判员的协作精神

裁判员的行为要与整个赛场和谐统一。裁判员要做遵纪守时的模范，要提前 30 分钟到达比赛场地，做好赛前的准备工作，比赛结束后，要最后一个离开场地。裁判员要与运动员交朋友，增进友谊，取得运动员的信任，得到他们的配合，虚心听取好的意见和建议，对于他们提出的问题要及时耐心解答，要善于化解矛盾。比赛时，裁判员要注意自己的跑动与选位，那种跑育动迟缓、选位不当而经常影响比赛的裁判员，会给人们留下一种不舒服的感觉，会引起运动员的不满，降低运动员对裁判员的信任感，为裁判员执法带来一定的困难。另外，无论现场有多繁忙，裁判员都不能忘记摄像机的位置，要把镜头留给运动员，不能让电视观众总是看到自己的背影。

裁判组是一个整体，分工协作、各尽其责是做好裁判工作的基础。裁判仪长要与副裁判长、裁判员互相体谅、悉心配合，注意调动每个人的积极性、充分发挥每个人的特长以形成一个强有力的团体；主裁、副裁、司线等要正确地对待分工，恪尽职守，服从大局来完成工作。

第二节　志愿者礼仪

一、志愿者的意义

"志愿者"是一个没有国界的名称，指的是任何志愿贡献个人的时间、精力、金钱及精神，在不谋求任何物质报酬的情况下，从事社会公益与社会服务事业，为推动社会进步而提供服务的人。志愿者的核心精神是"自愿、利他、不计报酬"。

体育志愿者是指那些具有志愿精神，能够自愿承担重大体育赛事的某些责任而不关心报酬的人。

1992 年巴塞罗那奥运会官方报告中为奥运志愿者下了清晰的定义："奥运志愿者是一个在奥运会这个组织里，对集体和个人做出利他承诺的人，他承诺将尽其所能完成交与他的任务，并且不接受金钱或奖品等类似性质的奖赏。"国际奥委会主席罗格曾说过："奥林匹克运动会是运动员的盛会，也是志愿者的盛会。"的确，志愿者是奥林匹克运动的基石，他们代表着奥林匹克精神，是奥运会真正的形象大使。

志愿者的任务不仅仅只是完成自己的岗位工作，更重要的是他们承载着语言沟通、文化交流的任务。志愿者为服务对象服务的过程就是向被服务对象宣传一个民族和国家,宣传和平、友谊、互助的过程,所以优秀的体育志愿者首先要具有崇高的团结、友爱、互助、奉献精神,还要具备优良的素质,诸如了解体育常识、熟知东道主的历史文化、有着良好的涉外礼仪修养、具备优质的志愿者服务技能和技巧等。

二、志愿者的形象规范

志愿者的形象规范涉及仪容、服饰、仪态和语言等方面的内容。志愿者应做到仪容美、服饰美、仪态美和语言美,为体育运动营造温馨和谐的氛围。

志愿者的仪容美是指志愿者的仪容修饰要体现体育运动的魅力,呈现出自然、清新、健康和有活力等一般体育运动的特点。志愿者不必过分注重个人修饰,只要仪容干净、健康、自然、有活力即可,切忌浓妆艳抹。

志愿者的服饰美并不是要求志愿者穿华丽名贵的服饰,而是要求志愿者的服饰要得体、适宜,能够表现出体育运动的特点。得体就是穿着方便、外观整洁;适宜就是适合不同体育运动项目的要求。在任何时候,志愿者都要文明着装,避免过分裸露。

志愿者仪态美要求志愿者在服务时能够正确使用体态语(站立姿势、行进姿势、蹲坐姿势、手势和表情神态等),做到文明、礼貌、优雅、大方,同时还要体现出体育志愿者特有的精神风貌,如朝气蓬勃、敢于挑战、坚忍不拔等,使服务对象能感受到体育运动的活力与魅力。

志愿者的语言美是指志愿者在工作岗位上要使用礼貌和文明用语。礼貌用语是指在服务过程中表示服务人员自谦恭敬之意的一些约定俗成的语言及其特定的表达形式,它所要表达的应当具有主动、亲切的意味。礼貌用语包括问候语、迎宾语、请托语、征询语、赞赏语和道歉语等。文明用语是指在语言的选择和使用中,应当既能表现出使用者良好的文化素养、待人接物的实际态度,又能给人以高雅、温和、脱俗之感,如对人称呼要适当、用语要文雅、口齿要清晰等。在体育服务过程中,志愿者可能要向服务对象介绍一些体育项目或其他有关举办国(单位)等信息,在这种情况下,志愿者要做到两点:一是实事求是,要正确、客观地介绍,不可不懂装懂,更不可信口开河,随意编造;二是要解释清楚,不能词不达意。

三、志愿者的服务规范

志愿者的服务规范是指志愿者在其工作岗位上为体育活动人员、媒体记者、观众和其他相关人员提供服务时所要遵守的行为标准和要求。规范要求志愿者具有主动、热情、耐心、周到的服务态度以及具有一般的岗位专业知识。

志愿者在上岗前要做一系列的准备工作:首先要接受志愿者培训,培训内容分一般知识培训和岗位培训两个方面。一般知识培训包括体育常识、国情市情、传统文化和礼仪规范以及志愿者的权利义务的学习等。岗位培训则是根据服务岗位的具体要求所接受的专业培训,培训内容包括熟悉岗位的基本情况、工作任务、业务流程,了解工作场地的相关情况,掌握紧急情况的处理措施以及懂得志愿者团队管理等方面内容。其次要做好上岗前自身准备,如志愿者要穿戴整洁、个人卫生状况良好;必须精神饱满,以充沛的体力、旺盛的精力投入工作;要保持情绪的稳定,防止把个人的不良情绪带到工作中;必须提前到岗等。

志愿者的服务岗位主要涉及礼宾接待、语言翻译、交通运输、安全保卫、医疗卫生、观众指引、物品分发、沟通联络、竞赛组织支持、场馆运行支持、新闻运行支持、文化活动组织支持等领域。在服务现场,作为一名合格的志愿者,首先要积极主动,在自己的岗位上努力做到专业、规范,在表现上要神态自然、热情友好、落落大方;其次要具有良好的观察能力,观察服务对象所需,以使自己的服务恰到好处;第三要有倾听、引导的技能,志愿者要有忍耐和宽容的品质,礼貌客气地听他人讲话,并给予正确的解答或引导;第四要有解决纠纷的能力,志愿者每天都面对很多服务对象,难免会遇到一些纠纷,这时志愿者要以自己的热情、礼貌和耐心来平抑纠纷,如果自己实在处理不了,应立即上报;第五要有处理突发事件的能力,在体育场所,有时也会发生一些突发事件,如火灾、停电、球迷哄乱等,遇到这类情况,志愿者要冷静地协助有关部门处理突发事件,帮助疏散观众。

一天的工作结束后,志愿者要善于总结,特别是在礼仪与岗位专业知识方面,志愿者要不断强化自己,提高自己的服务水平。

第三节　体育记者礼仪

在体育运动蓬勃发展的今天,体育赛事报道不仅在报道构成中所占的比例越来越大,而且对人们生活的影响也日渐广泛深远。为了更好地发挥体育的娱乐和教育功能,体育记者不但要精彩真实地报道体育赛事,更要注意体育报道的价值取向,要把颂扬公正与文明的体育精神作为报道的主旋律,同时体育记者在报道和采访时的言行举止也要符合职业要求以及社会共同的价值标准,表现出应有的格调和礼仪。

一、记者体育解说礼仪

当体育解说员坐到解说席上时,他的社会角色就是从事现场报道的记者,其言行举止应该与周围的观众不同,要摆脱运动员、观众乃至自身的干扰,以体育解说员的职业和礼仪要求来报道比赛。体育解说员的礼仪主要表现在:

其一,解说语言要专业、文明。解说员要以清晰、文明、专业的语言向观众或听众做现场解说,解说时不能说说笑笑,不能使用诸如“报一箭之仇”“痛宰”“死对头”等不雅语言,不能肆意嘲笑或评价运动员的长相或怪癖等。

其二,情感表达要公正。解说员要在解说中传达出体育精神,要公平、公正、客观地报道比赛,不能偏袒某一方而贬低另一方。如果解说员从狭隘的利益或自身兴趣出发进行评说,就会掺入不正常不合理的情绪而使解说变样。虽然这种解说可能与多数受众的切身利益无关,却与比赛双方包括赛事组织者的利益相关,也与比赛双方支持者的情感有关。当体育解说出现明显的偏袒,就可能招致事端,并影响媒介的公信力。

其三,控制自己的激情。体育解说员在解说时需要激情,这种激情应该是发乎于对双方运动员精彩对决的赞赏,而不是像球迷一样为了某一方队员而摇旗呐喊、拍桌跺脚。在赛场中,体育记者可以有自己作为观众时的激动,但作为现场解说员,则需要用理性取代感性,避免宣泄自己的球迷情绪。

二、记者赛后采访礼仪

体育比赛的现场采访与其他采访不同,由于运动员刚刚结束比赛,体力消耗比较大,而且受比赛成绩的影响,运动员的情绪波动也很大,这就要求记者要体谅运动员,在采访时做到有礼有节,体现人文关怀。

其一,要在运动员体力回复后采访。运动员比赛之后大多体能消耗过多,这时记者不要蜂拥而上将话筒塞到运动员嘴边或者拉着他们谈感想,而应该等运动员略做休息以后再进行采访。

其二,要尊重运动员。记者在向运动员提问题时要给予运动员应有的尊重,要顾忌他们的情绪变化,不能伤害其自尊心。例如,在多哈亚运会上,朱启南和李杰包揽男子10米气步枪冠亚军后,有位记者问李杰:"李杰,请问你获得银牌高兴吗?"刚走下领奖台的李杰迟疑一下,只好无奈地回答:"高兴。"一名记者在女排赛前,采访赵蕊蕊时说:"全国观众都不知道你伤好到什么程度,你能不能对着镜头给我们蹦两下?"赵蕊蕊气得说:"我都蹦一天了,你还让我蹦!!"说完头也不回地就走了。另外,运动员在失利后需要一个相对安静的环境,这时记者是不适宜去采访的,运动员最愿意接受采访的时候,是他们获得胜利的时刻。

其三,要具备基本的体育项目专业知识,采访的内容要尽量限制在比赛项目上。有些记者以猎奇运动员个人隐私、幕后故事等来制造所谓的"独家报道",岂知这种脱离体育精神的采访是既无知又失礼的举动。例如,在高尔夫JWC北京赛新闻发布会上,有些中国记者对25岁的澳大利亚冠军亚当·斯科特的提问大多与高尔夫球无关,诸多记者不停地问诸如“退役后会不会当模特?进军娱乐圈?拍电影?”之类的问题,结果遭到海外媒体的鄙视。英国高尔夫记者彼得·迪克逊特意撰文在《泰晤士报》上嘲笑了中国高尔夫记者的职业素养。

第七章　体育观众的礼仪

体育比赛是离不开观众的,观众的观赛行为是赛场文化的重要组成部分。作为一名有素养的观众应该为赛场创造良好的气氛,自觉遵守赛场规定和观赛礼仪,积极配合比赛进程,以热情、文明和友好的方式支持运动员赛出最好水平。

第一节　入场礼仪

一、观赛着装

观看体育比赛不像欣赏音乐会、出席宴会等必须西装革履,但观众进入比赛场地前也应该注意自己的穿着打扮,遵循一定的着装礼仪。一般来说,观众可以打扮得比较轻松、休闲去观看体育比赛,但衣着一定要整洁、文明。作为个体观赛者可以打扮得有个性,能让人一眼就辨别出你是哪方的支持者,而作为团体啦啦队或球迷团体,应该在进场前分发和佩戴好整齐划一的服饰,准备好助威道具,以免进场后分发物品带来混乱。由于入场时往往要走相当长的一段路程,观众最好穿舒适的运动鞋去观赛。

体育比赛项目繁多,各具特色,不同项目对观众的着装有着独特的礼仪要求,所以观众应该事先对观赛项目有一个基本的了解,根据项目的特点进行着装。如在观看网球、高尔夫球、台球、花样滑冰、击剑、壁球以及棋类等目前人们所公认的“绅士”运动时,就要特别注意自己的穿着——看台球比赛时穿着应当比较正式,不要穿大背心和大短裤;观看高尔夫球比赛时不能西服革履,也不能穿牛仔裤,最好穿棉布长裤进场;观看室内比赛项目时不要戴帽子以免影响后面人的视线等。

二、准时入场

在任何时候,守时都是现代人良好的文明素养,观看体育比赛也不例外,观众应当尽量提前或准时入场,等待运动员和裁判员出场比赛,这也是对运动员和裁判员的尊重。

为了准时到达比赛场馆,观众应该在出发前研究路线并选择合适的交通工具。如果体育场馆是在城市比较繁华的地段,出发的时间就应该提前一些,以免交通拥堵延误时间。如果是骑自行车或开私家车前往赛场,在路上要注意交通安全,到了赛场后要主动把车子停放在指定地点。

由于交通堵塞或者对比赛场馆地理位置不熟悉等原因,观众有可能会迟到入场。对于一些项目来说,比赛一旦开始,场内就必须保持安静,禁止有人走动或说话,这时工作人员一般不允许迟到者入场,遇到这种情况,迟到者要有礼貌地服从工作人员的劝阻,在场馆外静静等待比赛一局结束或运动员休息时再入场。如果场内进行的是足球等场面很热闹的比赛,迟到者应该尽快入场,先就近找个位子坐下,等中场休息的时候,再去找自己的位子。如果是第一次去某个体育场馆看比赛,最快找到位子的办法就是请工作人员帮忙,因为有些比赛场馆不同的看台区域是不通的,走错了看台不仅耽搁自己看比赛,还影响其他观众,即使场馆的不同看台之间相通,也要尽量从场外绕到自己座位所属的看台,不要在别的观众面前挤来挤去。

三、排队入场

在体育场馆的大门口和各通道的检票口,如果进场的观众较多,后来者要自觉按照先来后到的顺序排队入场。观众在排队时不要你推我挤,即使遇到不自觉排队的人也应该保持一种平和的心态,尽量不要与他人发生争执,遇到老弱病残者应主动礼让。

在凭票入场的时候,为了方便工作人员验票和节省时间,观众应提前把票证拿在手里,不要到了检票人员面前再从包里或者衣兜里取。如果是与朋友相约一起看比赛,在进场过程中不要大声喧哗,应该保持良好的进场氛围。在进场时,观众最好不要吸烟和吃东西,免得烟头烫到别人或是食品的残渣、碎屑、汁液弄脏身旁观众的衣服。

四、配合安检工作

在大型体育比赛期间,为了保证良好的赛场秩序和人身安全,每一个进入赛场的人都要接受安全检查。作为一名合格的观众,要自觉地配合工作人员的安检工作。

配合安检首先要求观众不携带危险品和宠物入场。观众在观看比赛前最好能了解比赛组织者对观众的特殊要求,尽量不带或少带东西,防止在入场时因为带的东西不合规定而影响观看比赛的心情。例如,进入观赛区域时,警方会提醒广大观众严禁携带易燃易爆等危险物品进场;一些大型的充满对抗性的比赛,为了防止比赛双方支持者的冲突,观众也被禁止携带易拉罐、玻璃瓶等进入赛场;有的比赛还禁止观众携带锣鼓、标语、望远镜、挎包、背包和软硬包装饮料等入场。

观众在排队安检时最好提前把钥匙、硬币、电池等可能引发怀疑的物品取出来,以免安检时浪费时间。如果队伍前面有不配合安检的事情发生,后面的观众要保持冷静,耐心等待。在安检时,观众携带的挎包可能会被安检人员打开检查,观众携带的物品也可能会被禁止带入场内而被要求存放在指定地点,这时观众应该主动配合并听从安检人员的指挥,不要与安检人员发生口角甚至由于情绪激动扰乱进场秩序。

五、进场后对号入座

观众在进场前应提早看清票上的座位号,进场后尽快找到自己的座位坐下，等待比赛开始，不要堵在通道上边看票号边找座位，也不要坐别人的座位。

尽管调换座位在生活中很常见，乘车、乘船或看电影都会遇到调换座位的情况，但由于这是一件需要麻烦别人的事情，所以应该尽量避免。在体育场内，如果实在需要调换座位，应在比赛开始前进行，并遵循将好座位留给别人的原则，征询语言要礼貌。别人同意调换则要表示感谢，别人不同意，也要表示理解，不能强迫。

如果观众迟到入场，自己的座位又排在中间，为了不影响其他观众观看比赛，则先不要对号入座，而是找一个靠边的位置坐下来，等比赛中场休息时再找回自己的位置。

六、对手机进行设置

观众进入比赛场馆入座后，最好关闭随身携带的手机，如果确实有重要的事情要使用手机，则要将手机设置成振动状态。在升旗仪式、开幕式、闭幕式、颁奖仪式和重要领导讲话等比较重要的场合上，观众应将手机关闭。一些室内比赛项目如网球、乒乓球、羽毛球等的比赛场馆是封闭的，室内现场要求相对的安静，因为在这些项目的比赛中，运动员需要高度集中注意力，不能受任何噪音的干扰，否则会影响运动员对来球的准确判断以及对回球的考虑。所以在观看这类比赛时，观众要对手机进行静音设置，避免铃声突然响起而影响运动员的比赛。如果观众确实有急事，可以用手机短信交流，实在不得不接的电话，也应该用手盖住手机，尽量压低音量，千万不要出现铃声响了半天不接或旁若无人地大声接听电话等不文明现象，更不要听到电话铃声就慌慌张张地离席跑到外面去接电话。

第二节　观赛礼仪

一、敬仰国旗

在赛场上，经常有隆重的升国旗、奏国歌仪式。国旗代表着一个国家的主权和尊严，每个人都应该敬仰国旗，在国旗升起的时候要面向国旗行礼。如果赛场升起的是中华人民共和国国旗，在场的中国观众应当全体起立，戴帽子的要摘下帽子，面向国旗肃立，行规范的注目礼，仰视国旗冉冉升起，也可以跟着乐曲用正常音量唱国歌。如果升起的是其他国家的国旗，观众们也要给予相应的尊重。在国旗升起的时候，观众绝对不能嬉笑打闹或者随意走动，更不能有诸如喝倒彩、起哄、吹口哨等有损国家和民族尊严的行为。

二、尊重贵宾

在比赛开始前，如有贵宾前来观看比赛，观众应通过得体的方式热情地表达自己的礼貌、盛情和好客。通常，大会主持人会等贵宾登上主席台后，在适当的时间里向观众介绍来宾，这时观众应报以热烈的掌声，鼓掌的时间不要太短，也不能过长，一般应持续到来宾入席就座为止。有时，观众还可有组织地齐声欢呼贵宾所在国的国名，并配上有节奏的掌声，使贵宾感受到宾至如归的温暖。

三、禁用闪光灯

在赛场上，运动员优雅的动作、精湛的技术令人赞叹，能拍摄到运动员在比赛中的精彩瞬间，是很多观众梦寐以求的事情。但有的比赛项目是禁止照相的，观众应遵守有关规定；在有的比赛项目中，是允许观众照相的，但不能使用闪光灯，因为闪光灯可能会影响运动员正常水平的发挥。

在乒乓球、羽毛球比赛中，运动员必须集中精力，而闪光灯对眼睛的刺激非常大，会闪花运动员的眼睛，让运动员很难判断来球的方向和角度；在冰上项目比赛中，运动员距离观众比较近，如果运动员正在做一些高难度动作的时候被看台上的闪光灯晃了眼，就很有可能发生危险；当体操运动员在平衡木上翻跟头的时候，如果被闪光灯的光刺激到眼睛，可能会从器械上摔下……所以，观众在观看这类项目比赛时，应该屏息静观，不要使用闪光灯拍照。在其他一些场合，如运动员入场时、比赛结束后获奖选手绕场一周向观众致意时、举行颁奖仪式时，观众可以尽情拍照留念。

四、了解规则，尊重裁判

观众应当对所观看项目的比赛规则有所了解，因为懂得其中的基本规则，既可以更内行更好地欣赏比赛，也可以有效避免因理解误差而对裁判的判罚产生不满情绪，更不会轻易地在其他人的不良情绪影响下跟着瞎起哄。

此外，懂得观看项目的特点与规则之后，也更容易理解裁判可能由于站位、角度等原因而出现的有争议的判罚，从而能宽容、冷静地对待可能出现的误判。一名懂行的、有素养的观众，绝不会做出模仿裁判判罚哨音而干扰比赛等行为的。

裁判有时比赛场上的运动员更辛苦，因为有的运动员可能一场比赛结束就可以休息，而裁判员却有可能工作一整天，比赛结束后还要进行文件整理等工作，特别是在足球、篮球等项目中，裁判要不停地奔跑。因此，在比赛过程中，观众应在适当的时候为裁判送上掌声。

五、正确地鼓掌加油

在观看比赛的过程中，观众经常为运动员的精彩表现而鼓掌，也经常用“加油”来激励运动员赛出好成绩。但观众对运动员的鼓掌和加油不能随心所欲，要遵循一定的礼仪。

其一，运动员出场比赛时，宣告员会逐一宣告运动员的号码，简要介绍运动员包括国籍在内的基本情况，场内的大屏幕也会显示出运动员的号码，当被介绍到的运动员向观众举手示意时，观众应该用热烈的掌声表示对每名运动员的鼓励和支持，对自己特别喜爱的运动员可以表现得更加激情一些。另外，在介绍裁判员时观众也要报以热烈的掌声。比赛结束后，当参赛选手互相握手，选手与裁判员握手时观众也应当给予掌声，这既是对选手们表现的肯定，也是对裁判员工作的褒奖。

其二，观众应热情地为双方运动员的精彩表演鼓掌，为双方运动员加油。在我国举办“苏杯”的时候，现场观众出现了一些不够文明的举止和行为，比如动辄而起的“杀、杀、杀”的呼喊，在对方球员发球时发出的嘘声等。要知道这种类似于“杀、杀、杀”的助威声其实是一把双刃剑，有可能会帮倒忙。因为从观众席上发出的越来越大的助威声、口哨声甚至尖叫声，以及越来越快的喊声有可能会干扰场上球员，打乱参赛选手的作战计划和节奏，这是大多运动员和教练员颇为反感的“加油”举动。

同样是中国观众，在另一场比赛中的做法值得称道：在 2005 年上海世乒赛男单 1/4 决赛中，当丹麦选手梅兹经过艰难拼搏后终于淘汰了中国小众将郝帅时，观众席上的掌声经久不息，大家感谢两位运动员奉献了一场扣人心弦的精彩较量；当瑞典名将瓦尔德内尔被白俄罗斯选手萨姆索诺夫以 4 ∶ 0 淘汰时，观众大声呼喊他的名字，并长时间起立鼓掌。这些都体现了中国观众在国际比赛场上的风度。的确，为客队球员的精彩表现鼓掌更能充分体现出观众的文明、热情、有礼貌、有大国风范。体育竞赛是公平友好的竞争，观看体育比赛既要懂得欣赏竞技之美，也要学会赞叹体育精神的感染力量。

我们说体育运动重要的是参与，无论是胜利者还是失利者，赛场上的每一位运动员都值得观众尊重，而他们在比赛中所展现出的技术水平和拼搏精神，更值得观众们去学习和欣赏。因此作为高素质的观众，既会为本国运动员加油，更会为来自各国的运动员给予鼓励的掌声，这既体现出对体育运动的欣赏性，也表达了对运动员的尊重。如果观众都能有为每一位选手喝彩的胸襟，懂得去欣赏双方的精彩表演,就不会发生诸如对运动员起哄,或者是喝倒彩,甚至扔果皮、矿泉水瓶等不礼貌行为了。

其三,在某些项目比赛中,观众要学会配合运动员的比赛节奏,适时地进行鼓掌或助威。例如,在体操、射箭、举重、台球等项目上,运动员的发挥是一个完整的过程,在这个过程中,观众任何的鼓掌、呐喊都会分散运动员的注意力,严重的还会造成运动员动作失误、失败而影响比赛结果,因此观众切忌在运动员做动作的过程中加油助威。在网球、羽毛球、乒乓球等球类项目上,运动员在发球和接发球时,需要特别安静的环境,观众不宜在此时发出加油助威声,只有当运动员打完一个球后,才可以鼓掌、叫好,当运动员开始准备下一个球时,观众就应该马上安静下来。又如跳水,运动员在做一个难度系数很高的翻腾动作前,会在跳台或跳板上酝酿一番,让自己的精神高度集中,如果此时观众席上突然出现大声喧哗和掌声,就会干扰运动员的注意力。正确的做法是,观众应该保持最大限度的安静,等运动员跳进水池后再给予掌声鼓励。

六、做文明啦啦队

在一些体育比赛中,观众自发组成啦啦队,为运动员助威呐喊,这种做法既可以活跃赛场气氛,激发运动员斗志,也能拉近观众与运动员之间的距离。但是,啦啦队在赛场上一定要有组织、有指挥,在加油助威时要使用内容健康的口号和标语,要同时为双方运动员的精彩表演鼓掌喝彩,不能无原则地瞎起哄。如果赛场内允许使用锣鼓和乐器,啦啦队要配合比赛的进程,使助威节奏有张有弛。

当看台上有对方啦啦队时,作为已方啦啦队应该与之和平共处,不能故意招惹是非,制造混乱。如已方啦啦队在为运动员加油助威时,不要使用带有侵犯对方运动员色彩的语言;不要冲着对方啦啦队队员指手画脚,也不要使用带有挑衅意味的肢体语言;当与对方啦啦队队员目光相接时,不能做出挑衅或轻视对方的表情等。

七、注意小节

观众在体育场馆观看比赛时，应当遵守公共场所礼仪，不抽烟，不吃带响声的食品，不蹬踏座椅，不乱涂写刻画，不在赛场内进餐。

在比赛进行中，观众不要大声喧哗，不要随意走动，因为在看台上随意走动是一种不礼貌的行为，会给看台上的其他观众带来困扰，而且大面积的观众在看台上走动会影响运动员的判断，特别是球类项目，虽然看台和球场有一定距离，但是根据一些球员的亲身经历，他们认为看到看台上人头攒动会极大地影响对来球的判断。

八、正确对待输赢

竞技体育追求的是更快、更高、更强，任何一个运动员在赛场上顽强拼搏、奋勇争先都是对世界体育运动发展的贡献，也是激励普通观众在各自岗位上奋发进取的一种精神财富。体育精神是没有国界的，比赛的结果总有输赢之分，对于那些常给我们带来极大快乐的体育项目，观众们应该抱着一种真正喜爱的态度去了解和拥戴参赛运动员（不论他们来自哪个国家），去熟知项目规则，同时要用自己文明得体的观赛举动，去激励所有运动员超越自我，共同为比赛项目增添光彩。

真正喜爱某个体育项目的观众往往能够正确地对待比赛的输与赢。观众在观看比赛时不要只注重比赛的结果，要重视比赛的过程。赛场上什么事情都有可能发生，本国运动员的意外丢金和他国运动员的意外夺冠形成了一对尖锐的矛盾，作为观众，应从心里化解这样的矛盾，应该表现得更大度一些，即便是我们的运动员更应该得到金牌，也应该给予他国运动员应有的尊重与祝贺。观众千万不要因为本队输了比赛而嘲讽和辱骂裁判员、运动员、教练员，不要做诸如起哄、吹口哨、怪声尖叫、喝倒彩、扔东西等有损国格人格的事情。

九、向运动员祝贺

比赛的优胜者总会受到观众热烈和友好的祝贺和祝愿，观众向运动员表示祝贺的方法和形式有很多：例如，在比赛中，观众为双方运动员“加油”鼓劲时，可以呼喊队员或运动队的名称，对精彩的表演可当场报以热烈的、长时间的掌声和喝彩声；运动员下场时，观众在报以热烈掌声的同时，还可众用手指组成“V”字，向优胜队及其队员表示祝贺和敬意；在条件许可时，观众也可以与运动员握手表示祝贺；有时还可自发地组成夹道欢送的队伍，欢送运动员退场和返回驻地；当优胜队绕场向观众致谢时，观众可与他们握仪手，或者投掷鲜花以祝贺胜利，当无法与运动员握手的时候，则可以用手指组成“V”字形向运动员贺喜。但是，观众在向运动员祝贺的时候要注意自己的举止，不能导致场面混乱，一旦保安人员出场来维持秩序，这样的道贺就失去了意义。

十、面对突发事件

体育赛事遭遇突发事件而发生意外的例子很多，如比赛中突然停电、球迷集体骚乱、看台坍塌等。这时候，观众应怎么做才能既安全又不失礼仪呢？

比赛中途若遭遇停电，观众首先要平静，坐在自己的座位上等待组织者的应急措施，切忌随便走动，乱作一团。在等待检修重新来电的过程中，观众可以采取闭目养神、小声聊天等来打发时间。有小手电或荧光棒的观众可以打开照亮，但不要点燃打火机照明。如果因停电需择日重赛的话，观众要听从工作人员的安排，在应急灯的照亮下，按照体育场各个安全出口指示灯的指引有序退场。

体育场馆内由于人口密度大，如发生类似球迷骚乱、火灾等突发事件，观众首先要保持冷静，要绝对听从场馆工作人员的安排，不要乱跑和盲目拥挤，应尽量帮助需要帮助的人，在工作人员的指挥下，正确、迅速地离开场馆。

第三节　退场礼仪

一、尽量避免提前退场

为了表示对运动员和裁判员的尊重,观众应尽量等比赛结束后再退场。观众提前退场会有很多原因:或者由于比赛双方实力悬殊,比赛出现一边倒的局面,导致比赛没结束结果已经确定。在这种情况下,会有一些观众觉得比赛缺少悬念,中途离席而去;或者由于体育比赛的结束正赶上吃饭或者末班车的时间,观众要急着退场回家;又或者是为避免散场时过度拥挤而提前退场等。这样的做法虽然可以理解,但其实是对比赛双方运动员的一种不尊重。因为如果在比赛未结束时有大批观众提前退场会打击运动员的积极性,对比赛造成很大影响。观众既然来看比赛,如果没有特殊情况,最好自始至终把比赛看完,但如果实在是有特殊原因不得不提前离场,最好等比赛间歇时退场,不要在比赛进行时随意离场。

二、有秩序地退场

比赛结束时,观众应该起立,向赛场运动员和裁判员鼓掌致意,这既是对运动员和裁判员的尊重,也是对他们在赛场上表现的一种肯定。

散场时观众应将自己带来的废报纸、纸杯、塑料包装袋等垃圾带走,保证场地干净整洁。退场时,观众不要过于着急地离开看台,以免人多造成拥堵。通过通道时不要抢行,如果前面的人停止走动,后面的观众应该耐心地等待,不要往前挤。观众也不要在场馆门口附近长时间停留。

已经退到赛场外的观众在等车的过程中也不要拥挤,因为在比赛结束后的一段时间内,公交车站、地铁站的人口密度将远远大于平时,再加上路上车来车往,如果人们相互拥挤就很容易发生事故。

第八章　体育项目的礼仪

体育比赛的各个项目在长期的发展过程中积淀了自身独特的礼仪文化,正是这些礼仪文化构成了该项运动的特色和魅力。所以,无论是运动员还是观众,要想亲身领略体育运动的真谛,就要了解和遵守项目的赛场礼仪,以成就一项运动的真正完美。

第一节　田径项目

田径是各个运动项目的基础,有“运动之母”的美称。田径运动以走、跑、跳跃、投掷等动作组成,是比速度、比高度、比远度和比耐力的体能项目,最能体现奥林匹克“更快、更高、更强”的精神。田径包括田赛、径赛、公路跑、竞走、越野跑以及全能项目。其中,田赛和径赛必须在体育场内进行;公路跑在公路上进行,有各种距离的公路跑和公路接力跑,包括半程马拉松、马拉松等;竞走项目在体育场内或场外均可进行;越野跑在原野、草地等自然环境中进行。在体育场内进行比赛的项目均设世界纪录,在公路上进行比赛的项目仅设世界最好成绩。田径涉及的比赛项目较多,涵盖的礼仪范围也比较广。

一、项目简介

(一)径赛

径赛分为短跑、中跑、长跑、接力跑、跨栏跑和障碍跑。

1. 短跑

短跑是公元前 776 年古希腊奥运会唯一的竞技项目,距离为 192. 27 米。

现代短跑起源于欧洲，最早被列入正式比赛是在 1850 年的牛津大学运动会上，当时设有 100 码（1 码=0.9144 米）、330 码、440 码跑项目。19 世纪末，为规范项目设置，将赛跑距离由码制改为米制。短跑最初为职业选手的表演项目，后来逐渐扩展到业余运动员。运动员比赛时必须使用起跑器，听口令统一起跑。奥运会短跑比赛项目有男女 100 米跑、200 米跑和 400 米跑。

2. 中跑

中跑最初是 880 码跑和 1 英里（1 公里=0.6214 英里）跑，从 19 世纪中叶开始，880 码跑和 1 英里跑逐渐被 800 米跑和 1500 米跑所替代。运动员比赛时不使用起跑器，听信号统一起跑。奥运会比赛项目男、女均为 800 米跑和 1500 米跑。

3. 长跑

长跑最初为 3 英里和 6 英里跑，从 19 世纪中叶开始，逐渐被 5000 米跑和 10000 米跑替代。奥运会比赛项目男、女均为 5000 米跑和 10000 米跑。

4. 接力跑

接力跑是田径运动中唯一的集体项目，以队为单位，每队 4 人，每人跑相同距离，在 20 米的接力区内完成传接棒。奥运会比赛项目分男、女 4×100 米接力跑和 4×400 米接力跑。

5. 跨栏跑

跨栏跑起源于英国，由牧羊人跨越羊圈栅栏的游戏演变而来。跨栏跑最早使用的栏架是掩埋在地面上的木支架或栅栏，1900 年出现可移动的倒 T 字形栏架，1935 年 T 形栏架改成 L 形栏架，L 形栏架支脚的另一端朝向运动员的跑进方向，稍加阻力即可向前翻倒，减轻了运动员过栏时的恐惧心理。奥运会比赛项目分男子 110 米跨栏跑、400 米跨栏跑，女子 100 米跨栏跑、400 米跨栏跑。男子 110 米跨栏跑的栏高为 106 厘米，400 米跨栏跑的栏高为 91.4 厘米；女子 100 米跨栏跑的栏高为 84 厘米，400 米跨栏跑的栏高为 76.2 厘米。比赛时，运动员必须跨越10个栏架，除故意用手推或用脚踢倒栏架外，身体其他部位碰倒栏架不算犯规。

6. 障碍跑

障碍跑兴起于19世纪的英国，最初在野外进行，跨越的障碍是树枝、河沟，各障碍间的距离也长短不一，19世纪中叶障碍跑开始在跑道上进行。1900年第二届奥运会首次设立障碍跑，分2500米和4000米两个项目，从1904年第三届奥运会起障碍跑的距离确定为3000米，并沿用至今。女子障碍跑开展很晚，国际田联1997年才开始推广。障碍跑全程必须跨越35次障碍，其中包括7次水池，障碍架高91.1~91.7厘米，宽3.96米，重80~100公斤，各障碍架的间距为80米，运动员可跨越障碍架，也可踏上障碍架再跳下，或用手撑越。

（二）田赛

田赛分为跳跃、投掷两类项目。跳跃项目包括跳高、撑竿跳高、跳远和三级跳远；投掷项目包括推铅球、掷铁饼、投链球和掷标枪。

1. 跳高

跳高起源于古代人类在生活和劳动中越过垂直障碍的活动。现代跳高始于欧洲，18世纪末苏格兰已有跳高比赛，19世纪60年代开始流行于欧美国家。跳高有跨越式、剪式、滚式、俯卧式、背越式等过杆技术，现绝大多数运动员都采用背越式。比赛时，运动员必须用单脚起跳，可以在规定的任一起跳高度上试跳。男女跳高分别于1896年、1928年被列为奥运会比赛项目。

2. 撑竿跳高

撑竿跳高起源于古代人类利用木棍、长矛等撑越障碍的活动。撑杆最早使用木杆，最高成绩为3.30米。1905年开始使用重量较轻、有一定弹性的竹竿，最高成绩达到4.77米。1930年出现较为坚固的金属杆，运动员无撑杆折断之虑，可以提高握杆点，加快助跑速度，最好成绩达到4.80米。

1948年美国设计制造出重量更轻、弹性更强的玻璃纤维杆，目前使用该杆已突破了 6 米的高度。撑竿跳高的横杆可用玻璃纤维、金属或其他适宜材料制成，长 4. 48～4. 52 米，最大重量 2. 25 公斤。撑竿的长度和直径不限，但表面必须光滑。运动员一般都自带撑杆参加比赛，比赛时，运动员必须将撑杆插在插斗内起跳，起跳离地后，握杆的手不得向上移动，运动员可以在规定的任一起跳高度上试跳。男、女撑竿跳高分别于 1896 年和 2000 年被列为奥运会比赛项目。

3. 跳远

跳远源于人类猎取或逃避野兽时跨越河沟等活动，为公元前 708 年古代奥运会五项全能项目之一。现代跳远运动始于英国，跳远的腾空动作有蹲距式、挺身式和走步式。最初运动员是在地面起跳，1886 年开始采用起跳板。起跳板为白色，埋入地下，与地面齐平，长 1. 22 米，宽 20 厘米，距沙坑近端不少于 1 米。起跳板前有起跳线，起跳线前有用于判断运动员起跳是否犯规的橡皮泥显示板或沙台，运动员必须在起跳线后起跳。男、女跳远分别于 1896 年和 1948 年被列为奥运会比赛项目。

4. 三级跳远

三级跳远起源于 18 世纪中叶的苏格兰和爱尔兰，两者跳法不同：苏格兰采用单足跳、跨步跳、跳跃，而爱尔兰采用的是单足跳、单足跳、跳跃。现规定必须使用苏格兰跳法。比赛时，运动员助跑后应连续作 3 次不同形式的跳跃，第一跳为单足跳，用起跳腿落地；第二跳为跨步跳，用摆动腿落地；第三跳为跳跃，必须用双脚落入沙坑。男子三级跳远于 1896 年被列为首届奥运会比赛项目，女子三级跳于 1992 年被列为奥运会比赛项目。

5. 推铅球

推铅球起源于古代人类用石块猎取禽兽或防御攻击的活动。现代推铅球借鉴 14 世纪 40 年代欧洲炮兵闲暇期间推掷炮弹的游戏和比赛，后逐渐形成体育运动项目。铅球的制作经历了用铁、铅以及外铁内铅的过程。早期推铅球没有固定的方式，可以原地推，也可以助跑推，可以单手推，也可以双手推。20 世纪50年代,美国运动员奥布赖恩发明背向滑步推铅球技术,该技术被称为“铅球史上的一场革命”,70年代,苏联运动员巴雷什尼科夫发明旋转推铅球技术,由于旋转后难以控制身体平衡,至今只有极少数运动员使用。正式比赛男子铅球的重量为7.26公斤,直径11~13厘米;女子铅球的重量为4公斤,直径为9.5~11厘米。比赛时,运动员应在直径2.135米的圈内,用单手将球从肩上推出,铅球必须落在落地区角度线以内方为有效。男、女铅球分别于1896年和1948年被列为奥运会比赛项目。

6. 掷铁饼

掷铁饼起源于公元前8世纪古希腊人投掷石片的活动,公元前708年第十八届古代奥运会将掷铁饼列为五项全能项目之一。现代奥运史上,曾有过双手掷铁饼的比赛项目。掷铁饼技术经历过原地投、侧向原地投、侧向旋转投、背向旋转投几个发展过程。铁饼最初为盘形石块,后逐渐采用铜、铁等金属制作。男子铁饼重约2公斤,直径22厘米左右;女子铁饼重约1公斤,直径18.1厘米左右。比赛时,运动员应该在直径2.50米的圈内将铁饼掷出,铁饼必须落在40度的角度线内方为有效。男、女铁饼分别于1896年和1928年被列为奥运会比赛项目。

7. 掷链球

掷链球起源于中世纪苏格兰矿工在劳动之余用带木柄的生产工具铁锤进行的掷远比赛,后逐渐在英国流行。19世纪后期,掷铁饼成为英国牛津大学和剑桥大学运动会的比赛项目,当时使用的器械是木柄的铁球,后为便于投掷,将木柄改为钢链,链球由此而来。掷链球最初采用原地投,后逐渐改进为侧向投,旋转一圈投、两圈投、三圈投,现运动员多采用四圈投。男子链球重约7.26公斤,总长117.5~121.5厘米,女子链球至少重4公斤,总长116.0~119.5厘米。比赛时,运动员必须在直径2.135米的圈内用双手将球掷出,链球必须落在40度的角度线内方为有效。圈外有U形护笼,确保投掷安全。男子链球于1900年被列为奥运会比赛项目,女子链球于2000年列入奥运会比赛项目。

8. 掷标枪

掷标枪起源于古代人类用长矛猎取野兽的活动,公元前708年被列为第十八届古代奥运会五项全能之一。现代标枪运动始于19世纪的瑞典、希腊、匈牙利和芬兰等欧洲国家。标枪可用金属或其他适宜的类似材料制作。男子标枪重800克,长260~270厘米;女子标枪重600克,长220~230厘米。比赛时,运动员必须单手将标枪从肩上方掷出,枪尖必须落在投掷区角度线内方为有效。男、女标枪分别于1908年和1932年被列为奥运会比赛项目。

(三)公路跑

男女公路跑标准比赛距离为15公里、20公里、25公里、30公里、100公里、公路接力赛跑、半程式马拉松和马拉松等。男、女马拉松赛为奥运会比赛项目。

公元前490年,希腊军队在马拉松平原击退波斯军队的入侵,传令兵菲迪皮德斯从马拉松跑到雅典城,在报告胜利的消息后,因体力衰竭倒地而亡。1896年举行首届奥运会时,顾拜旦采纳了历史学家布莱尔以这一史实设立一个比赛项目的建议,并定名为“马拉松”。比赛沿用当年菲迪皮德斯所跑的路线,距离约为40公里。此后十几年,马拉松跑的距离一直保持在40公里左右。1908年第四届奥运会在伦敦举行时,为方便英国王室人员观看马拉松赛,特意将起点设在温莎宫的阳台下,终点设在奥林匹克运动场内,起点到终点的距离经丈量为26英里385码,折合42.195公里,国际田联后来将该距离确定为马拉松跑的标准距离。马拉松在公路上举行,可采用起、终点在同一地点的往返路线或起、终点不在同一地点的单程路线。比赛时,沿途必须摆放标有已跑距离的公里牌,并要每隔5公里设一个饮料站提供饮料,两个饮料站之间设一个用水站,提供饮水或用水。因比赛路线、条件差异较大,故国际田联不设世界纪录,只公布世界最好成绩。

(四)竞走

竞走起源于英国,是在旅行走路的基础上发展起来的田径项目,分场地竞走和公路竞走两种。场地竞走设世界纪录,公路竞走因路面起伏等不可控制因素较多,成绩可比性差,故仅设世界最好成绩。运动员行进时,两脚必须与地面保持不间断接触,不准同时腾空,着地的支撑腿膝关节应有一瞬间的伸直,不得弯曲。1908 年,男子竞走首次进入奥运会,当时的距离是 3500 米和 10 英里,此后几届奥运会距离有所不同,有过 3000 米、10 公里等。女子竞走于 1992 年进入奥运会,中国选手陈跃玲获得了奥运会女子竞走的首枚金牌。

(五)全能项目

全能项目起源于希腊,早在公元前 708 年第十八届古代奥运会上便设有五项全能,由赛跑、跳远、铁饼、标枪和摔跤项目组成。现代全能运动始于 18 世纪的欧洲。1904 年第三届奥运会即设十项全能,项目包括 100 码跑、800 码竞走、120 码栏等,1912 年第五届奥运会改为在瑞典流行的十项全能,延续至今,此外,1912 年、1920 年、1924 年奥运会还设立过五项全能。

女子全能运动于 1923 年始于苏联,1948 年得到国际田联的认可,1964 年奥运会将女子五项全能列为比赛项目,1984 年奥运会设女子七项全能。比赛按规定的项目顺序分两天进行。男子十项全能第一天为 100 米跑、跳远、铅球、跳高、400 米跑,第二天为 110 米跨栏跑、铁饼、撑竿跳高、标枪和 1500 米跑。女子七项全能第一天为 100 米跨栏跑、跳高、铅球、200 米跑,第二天为跳远、标枪和 800 米跑。根据各单项成绩查国际田联制定的全能评分表,以累加总分计算名次,总分高者列前。运动员必须参加所有项目的比赛,如某个项目弃权,则不能参加后续项目的比赛,也不计算总分,但如果某个项目因成绩太低或失败,没有得分,仍可计算总分。

二、赛场礼仪

田径是在世界范围内开展最普遍的体育项目,也是最精彩、最令观众兴奋的赛事之一。田径赛场对运动员和观众都有一定的礼仪要求。

(一)运动员礼仪

1. 服饰礼仪

参加田径比赛的运动员要仪表整洁,服饰干净。服装的设计式样和穿着方式要无碍观瞻,服装的材料着湿时不能透明。运动员可以赤脚或穿鞋参加比赛,鞋内或鞋外不能有任何为运动员提供助力的装置。运动员的号码要佩戴在胸前和后背的显著位置,在撑竿跳高和跳远比赛中,运动员仅在胸前或后背佩戴一个号码,运动员佩戴的号码不能以任何形式剪裁、折叠或遮挡。

对于投掷项目,运动员不能使用任何外部装束或装置对试掷进行帮助,除了开放性损伤需要包扎外,运动员不得在手上使用胶带将两个或更多的手指捆在一起。掷链球比赛允许运动员在单个手指上捆扎胶带,但所用胶带应在比赛开始前向主裁判展示。链球项目运动员可以使用手套,掷链球手套的手掌和手背应光滑,除拇指外其他手指尖应露出,除链球比赛外,其他项目的运动员都不允许使用手套。

为了更好地持握器械,田赛运动员可以使用某种适宜物质,但仅限于双手,此外,链球运动员可在手套上、铅球运动员可在颈部涂抹此类物质。为防止脊柱受伤,运动员也可系一条皮革或其他适宜材料制成的腰带。推铅球时,为防止手腕受伤,运动员可在手腕处缠绕绷带。掷标枪时,运动员可戴一个护肘。运动员不允许在投掷圈内或鞋底上喷洒任何物质。

运动员在比赛场内不能使用录像机、收录机、收音机、CD 机、无线通信机、移动电话或类似装置。

运动员不能使用兴奋剂,也不能拒绝按照兴奋剂检测官的要求接受兴奋剂的检查。

2. 比赛礼仪

在径赛项目中,400 米及 400 米以下(包括 4×200 米和 4×400 米接力仪的第一棒)各项径赛的起跑必须使用起跑器,其他径赛项目不得使用起跑器。起跑时，当“各就位”的口令发出后，运动员必须立即走向起跑线，完全在自己的分道内和起跑线后做好准备姿势，不得延误。要注意的是，运动员在此时不能用声音或其他方式干扰该项比赛中的其他运动员，如高声喊叫、出怪声、长时间不能稳定、前后移动、用手或脚挤碰邻道运动员、故意起跑犯规等。在分道跑的比赛中，运动员应自始至终在自己的分道内跑进。对于所有的径赛项目，运动员在跑进中不能冲撞、推挤或阻挡其他运动员，也不能有人伴跑。对于长距离跑的项目，运动员要坚持跑完全程，不能跑1~2圈便无故退出比赛，更不能在比赛中嬉笑玩闹。

对于竞走和公路赛跑项目，运动员如被取消比赛资格则应立即取下佩戴的号码，离开比赛路线。10公里及10公里以上的竞走和公路跑比赛，途中设多个饮料站，饮料由大会组委会提供或由运动员自备，运动员不能在饮料站以外其他地方拿取饮料。在放置运动员饮料的桌子后面最多可站两名官员，当运动员拿取饮料时，不得有官员在运动员旁边伴跑。在20公里及20公里以上的竞走和公路跑项目中，在得到裁判员的许可并在一名裁判员的监督下，运动员可以离开公路或跑道，但不能因此而缩短比赛距离。在比赛途中，运动员可以正式被告知比赛的中途时间和获胜运动员的参考时间，

除此之外，未经有关裁判长事先批准，在比赛场内的任何人不得向运动员传递此类时间信息。

田赛项目在比赛开始前，运动员可在比赛区域练习试掷或试跳。投掷项目的练习试掷应始终在裁判员的监督下按抽签排定的顺序进行。一旦比赛开始，运动员便不能使用助跑道和其他各种器材。在比赛时，运动员不能无故延误试跳或试掷时间，即使因为特殊原因要暂时离开比赛场地，也应该是在得到许可的情况下，由一名裁判员陪同方可离开。在撑竿跳高中，运动员可以在双手或撑竿上使用有利于抓握的物质，但不得在双手和手指上使用带子，运动员应使用自备撑杆，未经物主同意，不得使用他人的撑杆。

在田径赛区内，运动员不能接受任何形式的场外技术帮助。运动员与教练

员在比赛区域外可以进行交流，但不能干扰比赛的进行。

（二）观众礼仪

径赛是体育赛事最受欢迎的项目之一，为了使运动员在比赛中尽可能地不受外界干扰，正常发挥竞技水平，观众应了解田径项目的相应规则，在观赛中遵循一定的礼仪。

对于短跑、跨栏跑这样的短距离项目，运动员们的起跑反应在很大程度上决定他们的最终成绩和名次，他们在起跑线前必须将注意力百分之百地集中在裁判员的口令上，不能受到任何干扰，同样，起点处的裁判也需要在安静的赛场状态下，才会鸣枪起跑，所以在起跑的时候，运动员本身不能用声音或动作影响其他运动员起跑，看台上的观众也要保持绝对的安静，不能发出任何干扰运动员注意力的声响。在途中或临近终点时，观众可以用掌声给运动员加油助威，但哨声、喇叭声和锣鼓声是要禁止的。

长跑过程比较艰辛，由于运动员水平参差不齐，有些可能会远远地落在后面，他们明知夺牌无望，还是坚持跑完比赛全程，对于这样的运动员观众应报以毫无保留的掌声，表达对他们的支持。

在田赛项目中，运动员在赛前的兴奋状态往往不同。如果选手在出场时表现得十分兴奋，主动向观众挥手，这时观众应该随着选手的手势有节奏地为选手鼓掌加油；如果选手出场后表现得很平静，甚至有三五秒钟的停顿，该选手很可能正在对自己的状态做着最后的调整，此时保持一个相对安静的赛场环境则是对选手最大的支持。在观看比赛时，运动员在未起跳和未投出时，观众应当保持安静，不要分散运动员高度集中的注意力。跳跃项目的运动员在助跑的时候，观众可以用有节奏的鼓掌来配合运动员的步点，但不能有哨声、喇叭声和鼓点声，因为这些声音有可能会打乱选手助跑时的步伐频率，造成运动员失误。

马拉松项目比赛全程处于露天状态，对运动员的身体素质和耐力要求极高，观众在观看比赛时要尽量减少对运动员的影响。如在比赛时，观众不能横穿赛道，不能拉扯和围观运动员，也不能给运动员递水。马拉松赛道上每隔五公里就有一个水站,完全能满足运动员的需要,观众出于好心给运动员递水反而会使运动员被取消比赛资格。观众热情的加油是必需的,特别是在比赛的最后阶段,有的运动员的体力已经达到极限,这时观众的鼓舞会帮助他们坚持到终点。

竞走的赛程与马拉松类似,大部分时间是在公路上进行,只有最后冲刺阶段在体育场内完成。竞走比赛时,沿途有 9 名裁判对选手进行监督评判,运动员需全神贯注地投入到比赛当中,丝毫不能马虎。由于竞走比赛比马拉松比赛更具技术难度,所以在观赛过程中,观众更需要为选手和裁判创造良好的比赛空间,避免对比赛的公平和裁决造成困扰。观众过于激动地加油助威,或因对裁判判决不满而情绪激动,都会对选手造成一定的影响。另外,观众在加油时,要尽量配合选手的步伐节奏,当选手的步伐节奏被打乱时,就容易犯规。

第二节　球类项目

球类项目包括足球、篮球、排球、网球、乒乓球、手球、橄榄球等,是最普及也是最受人们喜爱的体育项目。由于球类项目在比赛中的激烈对抗性和极高的欣赏性,造就了众多的“球迷”群体以及由此而形成的独一无二的赛场文化。而观众和球员在赛场上的礼仪状况则是整个赛场文化的主要内容。总的来说,赛场礼仪对参赛同伴队员之间的基本要求是配合和体谅,对竞争对手之间的要求是尊重和礼貌,对观众的要求是秩序和有礼有节的加油助威。

一、足球

(一)项目简介

2004 年 7 月 15 日,国际足联主席布拉特郑重宣布:“足球于 2300 年前起源于中国淄博,中国古代的蹴鞠就是现代足球的起源。”现代足球始于英国的剑桥大学,当时学生们的比赛规则五花八门,到 1848 年才制定出世界上第一个足球规则,称剑桥规则,1863 年英格兰足球协会成立,统一了竞赛规则,以后不断修改补充,逐渐完善。1872 年英格兰与苏格兰举行了足球史上第一次协会间的正式比赛。1890 年英格兰举办有万人观看的女子足球赛,1894 年女子足球俱乐部成立,1904 年国际足球联合会成立,从此足球日益发展,遍布全球。标准足球场长 90~120 米,宽 45~90 米,场地中间有一条横穿球场的中线,中央有半径为 9.15 米的中圈。比赛分两队参加,每队上场队员不得多于 11 人少于 7 人,其中必须有 1 名守门员,全场比赛为 90 分钟,分上、下两个半场,每半场 45 分钟,以将球射入对方球门多者为胜。1900 年男子足球成为奥运会比赛项目,但国际奥委会不允许职业球员参加,因此奥运会足球赛水平不高,影响也不大。女子足球直至 1996 年才进入奥运会,却吸引了众多的观众。

(二)赛场礼仪

足球被称为球中之王,是世界第一运动,在面积 600~700 平方米的绿茵场上,22 名球员奋力拼搏,场内数万球迷欢呼雀跃,五大洲各个角落的亿万电视观众为之迷恋。现代足球,以它特有的魅力,将世界人民的思想、感情、热情和希望紧紧地连在一起。任何体育比赛都有胜负,但都没有像足球比赛那样举足轻重,一场比赛甚至与一个国家的民族情绪休戚相关,胜者可以将这个国家抛入欢乐的海洋,败者能将一个民族陷入暂时的痛苦之中,这就是足球在世人心目中的地位。

人们对足球的热衷造就了耀世的球星和独特的“球迷”群体,对足球的极端狂热也带来了足球赛场的混乱甚至暴力。由于一些球员受过多的所谓“拼搏作风”或某种利益的驱使,在激烈的对抗性竞赛中屡屡不能保持健全的心智和平衡的心态,在场上动辄把人踢伤,甚至殴打对方球员和裁判。在很多场合,人们已经看不到赏心悦目的比赛,眼前只是球员之间的暴力和血腥。一些观众的心理素质也较差,在遇到诸如强队莫名其妙输掉比赛,遇到仪“假球”“黑哨”等现象时,往往控制不住自己的情绪而开始谩骂、抛掷物品甚至制造大范围的观众骚乱。

绿茵场是公共社会的缩影,彰显着社会秩序的一切要义,足球赛场上不和谐因素的蔓延,根本上反映的是体育礼仪的长期缺失。在人们期盼世界和平、友谊、进步的今天,张扬足球文明和礼仪意义深远。2006 年 6 月 6 日,联合国秘书长安南和国际足联主席布拉特就即将开始的世界杯足球赛发表致辞:"足球是全球通用的语言。足球可以弥合社会、文化和宗教分歧。足球促进个人发展和成长,培养团队协作和公平竞争精神,建立自尊并打开新的机会之门,进而可以促进整个社会和各个国家的福祉……今后几个星期,全世界几十亿人都将聚精会神地关注世界杯比赛,我们吁请各地球员和球迷们支持我们的使命。让我们利用足球的魅力来促进发展与和平的事业。"

为了足球的发展以及足球更高的使命,每一个运动员和观众都要从自身做起,自觉地遵守赛场规则和礼仪。

1. 运动员礼仪

足球是一项竞争激烈的体育项目,为了取得比赛的主动,最终获得比赛胜利,双方队员都将为此进行全力拼搏。但在比赛中,运动员还是应自觉遵守比赛规则和礼仪,尽量避免一些不正当的举动,更不能有违背体育道德甚至暴力的行为。

其一,要调整好比赛心态。运动员要以健全的心智来参加比赛,努力做到遵守比赛规则,礼貌待人,注重团队配合,在比赛时还要体谅对手的无意犯规和同伴的失误,理解观众的期待和希望,不能由于一时的不快而指责、谩骂对方或同队运动员及观众。

其二,要端正比赛态度。运动员遇到实力较强的对手时,要积极迎战、坚持到底而不气馁;遇到实力较弱的对手时,要虚心地展示自己的实力,不应有任何侮辱、嘲弄对方球员的举动。

其三,要靠实力取胜。在比赛中,运动员要以正当的战术和适当的举止来应对对方的挑战,不使用暴力或危险动作,更不能故意猛推、击打、踢或踩对方运动员。当遇到对方球员摔倒时,要上前扶起,如果是由自己引起的,则要表示歉意；当有运动员摔伤而不能立即参赛时，持球运动员应停止运球中断比赛，而不要借势进攻。比赛中遇到对方危险性动作后，不要寻机报复对手，要相信裁判的公正执法。当自己摔倒时，如果无关大碍，则应立即起来参加比赛，不要夸张自己所受轻伤的程度以吸引他人注意或延误比赛。

其四，要服从判决。对于裁判员或助理裁判员的判罚，运动员要有礼貌地无条件接受，不要跑开，也不要与裁判员争辩，更不能推搡甚至殴打裁判员；当被罚下场时，要有理智地离去，不要大吵大闹而风度丧尽。

其五，有节制地庆祝胜利。进球或获得最后的胜利后，赛场往往陷入一片狂热之中，这时进球队员或获胜球队在场内允许范围内表示庆祝是可以的，但不能延误时间，不能冲出比赛场外如越过广告牌、跑到观众席上，也不要有其他一些极端过激的行为。

2. 观众礼仪

足球是拥有观众数量最多的体育项目，随着足球运动的发展，足球观众特别是球迷们已经形成了一个独特的群体，他们在赛场上以各种方式激励着自己喜欢的球队、宣泄着自己的情感。足球赛场需要狂热，但更需要理智，为了更好地欣赏足球的魅力，观众特别是球迷们应注意以下几方面的礼仪。

其一，要注意穿着。观众进入赛场时要衣着整洁，不要袒胸露背、服装凌乱不整，更不要穿着拖鞋、光着膀子进入赛场。球迷群体一般都有自己的专用服饰，这些服饰要求统一、大方，既要体现球迷群体的特性，又要符合穿着的礼仪规范。

其二，要文明助威。观众或球迷们经常用锣鼓、口号、标语、歌曲等来表达自己的情感，支持和鼓励自己喜欢的球队，在运用这些方式时要做到文明健康，不能只是个人或团体情绪的简单宣泄，更不能有任何侮辱性的含义。观众在喝彩和鼓励球员时要克服狭隘的地域情结，既要为自己喜欢的球队欢呼，也要为对方球队的精彩表现而鼓掌。

其三，要掌握助威节奏。观众在为球员加油时要注意时机，不能随心所欲：

一般在比赛的开始和推进阶段，观众可以摇旗呐喊，为自己的球队制造声势；当比赛推进到对方的禁区，观众则要相对安静一点，以免干扰最后射门，因为禁区附近虽是防守队员敏感的区域，也是进攻队员神经高度集中和目相对紧张的区域，保持相对的安静会减轻进攻队员的干扰和压力。

其四，要和对方球迷和谐相处。观众在赛场内要文明守礼，热情友好地对待每个球员和周围的不同球迷或球迷组织，不讲挑衅性的话语，不做可能引起暴力行为倾向的动作。不管自己支持的是哪支球队，球迷之间的竞争应该和球员一样，是一种意志品质和精神力量的竞争，绝对不是暴力冲突。

（三）附录：国际足联公平竞赛十项准则

为了维护足球的利益，维护比赛公平，国际足联于2006年公布了公平竞赛十项准则，具体内容如下：

第一条　公平比赛。

比赛的胜利如果是通过不公平的或欺骗的手段获得的，那么这胜利没有任何价值。作弊很容易，但是毫无乐趣可言。公平竞赛需要勇气和品格，而且也更有成就感。公平竞争会得到相应的回报，即使比赛输了，你也能够赢得尊重。而欺骗则令人憎恶。请记住：这只是一场比赛，不公平的比赛没仪有任何意义。

第二条　为胜利而比赛，并正确对待比赛的失利。

夺取胜利是所有体育比赛的目的，绝不要主动放弃任何一场比赛。如果你不是为了胜利而比赛，那么你就是在欺骗对手，愚弄观众，同时也是在欺骗自己。面对强大的对手永远不要放弃，面对弱小的对手也要竭尽全力。

如果在比赛中未尽全力就是对对手的侮辱。只要终场哨声未响，就要全力以赴去争取胜利。

同时，我们要客观地认识到，没有谁可以永远胜利。比赛总会互有胜负，要学会正确对待失败，不要寻找借口，因为失败的真正原因往往显而易见。向胜利者祝贺，不要抱怨裁判或怨天尤人，应该把全部的注意力放在如何踢好下一场比赛上。一个有风度的失败者，要比一个没有风度的胜利者能够赢得更多的尊重。

第三条　遵守比赛规则。

任何运动都有自己的规则，没有规则就会出现混乱。足球运动的规则简单易学。要确实地学好比赛规则，这将有助于你更好地理解比赛，成为一名优秀的运动员。懂得规则的精神同样重要，因为规则的制定是为了使比赛更有趣，更有观赏性。遵守比赛规则，才能更好地享受比赛的乐趣。

第四条　尊重对手、队友、裁判、官员和观众。

公平竞赛意味着相互尊重，相互尊重本身就是足球的一部分。没有对手就没有比赛，他们和你拥有同样的权利，包括被尊重的权利。队友和你组成了这个团队，球队的所有成员都是平等的。裁判员负责保证比赛的纪律和公平竞赛，要无条件地服从裁判的决定，这样才能有助于他们使我们大家更好地享受比赛。竞赛官员也是比赛的一部分，同样也应受到尊重。观众创造了比赛气氛，他们希望看到的是公平的竞赛，同时观众自己也要有恰当的举止。

第五条　维护足球的利益。

足球是世界上最具影响的运动，但是需要我们每一个人的不断努力，使其永远成为世界第一运动。永远将足球的利益放在自身利益之上，时刻意识到自己的一言一行会影响到足球运动的形象。要宣扬足球比赛中积极的一面，鼓励别人去观看比赛，去公平地参与足球运动，帮助别人和自己一样享受足球的乐趣。要争取做一名足球大使。

第六条　赞扬那些维护足球运动声誉的人。

足球运动之所以如此大受欢迎，正是因为绝大多数热爱这项运动的人们是诚实而公正的，特别是有些人的突出表现得到了社会的公认。他们应该受到尊重，他们的事迹应该广为宣传，这将鼓励其他人以此为榜样。应当通过宣传足球运动的优秀事迹来提高足球运动的形象。

第七条　拒绝腐败、违禁药品、种族歧视、暴力及其他危害足球运动的事物。

足球运动广受欢迎，也往往使其受到外界的负面影响。要提高警惕，抵制任何驱使你使用违禁药品和作弊的诱惑。违禁药品不应出现在足球和其他的运动中，也不应存在于这个社会，要对违禁药品说不。将种族歧视赶出足球运动，不论肤色和种族，平等对待所有的球员。宣传足球，拒绝暴力，足球是一种体育运动，而体育运动是和平的。

第八条　帮助他人抵御腐败的压力。

也许有的队友或其他人受到了作弊的引诱，他们需要你的帮助。你要毫不犹豫地支持他们，给予他们抵御这些诱惑的力量，要提醒他们对队友和足球运动所承担的责任。必须同队友团结起来同腐败及作弊行为进行斗争，就像在足球场上组成一道坚固的防线。

第九条　谴责那些试图毁坏这项运动形象的人。

如果你确信有人准备引诱他人作弊，要毫不犹豫地揭露他的阴谋，必须在造成危害前将其丑恶行为公之于众并予以抵制。公开谴责某种错误行径往往比随波逐流需要更大的勇气，诚实受人赞誉，附和无人称道。不要仅仅对错误行径说不，要在他们得逞之前站出来谴责这些试图破坏我们运动的人。

第十条　让足球使世界变得更美好。

足球运动有着难以估量的魅力，这种力量将能使我们所处的世界更加美好。足球会给我们每一个人带来一个更加和平、平等、健康和有良好教养的社会环境。努力让足球变得更美好，这也是我们对世界做出的贡献！

参与足球运动的各类人员的行为规范

球员：

球员应坚持公平竞赛。每个球员都想把球踢好并获得比赛的胜利，这就必须要把球技与公平竞赛精神结合起来。公平竞赛的原则为足球比赛创造了一种增进人们之间友好感情的特别气氛。为了使足球比赛更具乐趣和吸引力，必须遵守以下规则：

不穿可能伤害他人的服装；

为你的对手鼓掌；

欣赏对手的球技；

与你的对手分享饮用水；

帮助受伤的对手；

不要夸张所受轻伤的程度以吸引他人注意力；

不使用暴力或危险动作；

不用危险动作报复对手；

帮助队友和对手；

避免与队友或官员争吵；

无条件服从裁判员或助理裁判员的判罚；

不要对边线球，角球，球门球等的判罚提出异议，让裁判员来做决定；

自觉遵守罚任意球时防守队员退出9.15米的规定；

服从并尊重裁判员的判罚；

不可趁裁判员不注意时犯规；

被判越位后，不再踢球；

有尊严地接受失败；

胜不骄。

裁判员：

你也许是业余裁判员，也许是地区足协或国家足协的裁判员，也许是国际裁判员，你能够为发扬公平竞赛精神创造一个良好的环境。队员希望享受比赛的乐趣，你应该坚决公正地做出判罚，从而赢得他们的信任。在透彻理解比赛规则的精神和实际意义的基础上，根据比赛水平和实际情况恰当执法。

你可以按以下方法发扬公平竞赛精神：

穿着得体，整洁精练；

与球队双方官员和球员正当联系；

仔细检查所有设备；

让比赛不受干涉地顺利进行；

保持冷静，行为高尚；

及时提醒队员以避免犯规；

迅速认真地处理任何蔑视比赛规则、对手或者裁判员的行为；

劝阻制止有情绪的球员故意犯规，影响比赛；

关心受伤的队员；

严格处置假装受伤的人，或企图使对手受到不公平处分的行为；

掌握有利时要做出明确的手势；

及时发现并处理任何破坏比赛的行为。

教练员：

教练员对球员的素质及球技有重要作用，同时也对年轻人的性格发展有很大影响。队员的表现反映了教练在发扬公平竞赛精神上做出的贡献。除了向他们传授已有的指导方针，教练还可以：

向队员介绍足球历史；

教导队员遵守比赛规则；

指导队长在场上发扬公平竞赛精神；

鼓励队员尊重双方球迷；

鼓励场上、场下的球员态度积极，纪律严谨，不违反规则；

反对任何作弊或不良行为；

反对违法药品及刺激物；

与球员父母保持良好关系；

冷静，自尊，不公开责备球员或裁判员，以身作则；

严格处置蔑视比赛规则的球员或球队工作人员，不管他有多么重要。教练员在足球运动中的特殊角色,可以帮助年轻人在足球和社会中养成良好的行为规范。坚持公平竞赛原则有助于教练员建立良好的声望,并为俱乐部和国家体育事业的正直性做出贡献。

球迷:

球迷支持足球,足球运动简单,神秘,具有悬念和戏剧性,并有即时的幽贫默感,使人们心情愉快。球迷往往还被足球运动的丰富多彩,优雅多姿及球员的高超球技所吸引。球迷的存在可以鼓励球员取得更大的成就,球迷可以与其他人们一起对促进足球运动更好地发展发挥重要的影响。球迷自然希望自己支持的球队获得胜利,但是作为足球的真正支持者,你更希望自己支持的球队诚实而公平地赢得比赛。必须意识到只有公平竞赛,才能使比赛精彩而生动。

您能为公平竞赛做点什么贡献呢?以下是为您提出的建议:

将足球比赛视作运动而不是战争;

更多地了解足球以便更好地欣赏它;

欣赏对方球员的球技并为之鼓掌;

批评不良行为以及作弊行为;

尊重对方的球迷;

要能设身处地地理解赛场上执法的裁判员,并给予他们鼓励和尊重;

反对他人以暴力或不良行为破坏足球比赛形象,他们不是真正的球迷。

球队队长:

你是你们球队的领袖,你是场上球队是否正直的代表。队长的职位并没有给你任何特权,但你有义务为球队承担某些责任。作为球队领袖,你的行为对你的队友和比赛有着重要的影响。学习公平竞赛指导方针,完成每项义务,并教导队友。就怎样遵守公平竞赛原则与你的教练进行讨论。比如,你们都知道在什么样的情况下会导致粗野行为或队员失去自我控制。

你有责任迅速处置这样的队员。注意在罚边线球、任意球等时,要迅速地将球留给对手,不要采取任何不公平的行为。记住你没有任何权力对裁判员的判罚提出质疑。向裁判咨询信息,换守门员或替补球员,或请求援助受伤的队员时,请保持礼貌。球队进球时欢呼表达喜悦是很自然的,但时间要短,而且保持尊严。比赛结束哨吹响时,不管结果如何,记得向裁判员和对手表达谢意。

球员家长:

作为球员的家长,你希望你的孩子享受足球的乐趣,保持身体和心理健康,并能为他的规范行为而自豪。你们是孩子的第一任老师,有兴趣教导孩子怎样处理社会交际关系。教育孩子为别人考虑,教育他辨别对与错、公平与不公平都是家长的首要任务。在孩子早期的娱乐活动中向他灌输公平竞赛的思想。孩子上学后,你希望老师和体育教育工作者加强这样的教育。

在体育上,老师和教练总是积极热情地创建可以赢得比赛的队伍。如果队伍在公平竞赛的基础上赢得比赛的胜利,这样的成功将给队伍带来骄傲和声望。这是个不错的目标。你个人或者在家长委员会的帮助下要反对不惜一切手段赢取比赛的行为。输球要输得有自尊,赢球后也要懂得谦虚。

不妨跟你的喜爱足球的孩子讨论这里关于公平竞赛原则的指导方针,你将更加乐观积极。你可以全面检查每一个要点,并确认他在场上是否付诸实践。观看你孩子所在队伍的比赛时,你就理所当然地成了球迷。你的原则因此而受到考验。你可以研究和学习一下为球迷设置的指导方针。

比赛组织者:

你可能是领队,俱乐部官员,比赛组织者,当地足协或国家足协或国际足联的行政官员。你也许拿工资,也许不拿工资,不管怎样,你一生的大部分时间都奉献给了举办足球比赛,让他人分享你对足球的热情。你代表的是权威,手里掌握着权力。同时你也负有责任。其中一项就是维护足球的公共形象,保证比赛合理进行。确立合法的比赛制度,让球员可以友好地进行比赛。这就要求你清晰仔细地制定比赛规则，规定场内外队员应该遵守的法则。与公平竞赛原则一致，不要让你的爱国心左右你的观点。即使是你所代表的一方犯了错误，你也必须保证予以公正的处理。谴责违规，腐败，暴力以及其他一切破坏公平竞赛原则的行为。严格处理任何影响组织或比赛声望的个人、队伍或俱乐部。选择支持和拥护公平竞赛原则的人担任领导位置，如教练、官员或其他人。

教师：

作为中学、大学或其他任何院校的老师，你拥有特殊的机会向性格形成时期的年轻人宣扬公平竞赛精神。小学阶段，你可以向他们展示怎样尊重别人，尊重比赛规则，使比赛更有意义更令人满意。中学以及大学阶段，如果过分强调比赛胜利，将在比赛中影响学生对公平竞赛原则的运用。坚定地引导一些出色的球员避免出现这些错误的想法，天才更要遵守道德规范。让那些可能出现在大量观众和媒体面前的球员意识到，他们有责任建立高标准，从而为其他球员做榜样，引导他们也采取正确的态度。无论是在仪体育馆还是运动场，你都必须友好有耐心，尊重并为他人着想。

培养你的学生遵守纪律，有慷慨大方的自豪感，从而为足球，为他们自己，为教育机构增光，他们有义务一生发扬公平竞赛精神。

球队医生：

你为队员的身体负责。与教练和俱乐部官员一起你可以制定规矩，从而为公平竞赛做贡献。

你的公平竞赛行动可以包括以下：

根据气候和比赛条件建议和引导队员的着装和鞋袜；

建议队员不要穿戴可能造成伤害的饰品，如戒指，项链等。

当有年轻队员参加比赛时，宣扬“安全第一”的观点；

鼓励任何有助于参与者健康和安全的行为；

帮助缓和受伤队员的激动情绪；

反对使用违禁药物或者兴奋剂，因为你的队员和对手都可能因鲁莽或危险的行动受伤。

媒体记者：

不管你是兼职记者还是全职记者，还是广播电台、电视台或电影的评论家，你都应该为使足球比赛更精彩更有吸引力而努力。你的首要任务是向观众转述足球比赛，这样的转述必须让你的编辑、出版商或制片人满意。在时空限制内，主要强调有趣的地方，你也可以针对比赛表达自己的观点或其他相关的更多话题。你的观点影响着大众的观点。作为一个教育者，你可以帮助宣扬广大观众都认可的公平竞争精神。这是当今世界的积极力量，值得付出更多。

你对发扬这一精神的贡献可以包括以下：

谴责违规和作弊行为；

批评那些采用不公平手段的企图；

批评蔑视公平竞赛原则的明星球员；

从不同的角度考虑问题后再对裁判的判罚表达自己的意见；

表扬比赛官员和队员、教练员好的行为；

谴责球迷的暴力和不良行为；

支持公平竞赛、鼓励公平竞争。

公平竞赛宣言

1. 通过公平竞赛实现我们的梦想，让足球促进世界和平；

2. 严格按照规则进行比赛，让支持我们的人感到幸福；

3. 不要与裁判争论，要向观众展示你的风格；

4. 尊重你的对手和队友，不要把坏脾气带到场上去；

5. 不要使用暴力，要保证永远不会失去自我控制；

6. 在尽了最大努力后勇敢地接受失败，公平地祝贺胜利；

7. 团结一致，让我们梦想成真。

二、篮球

（一）项目简介

篮球始于 1891 年 12 月 21 日，是当时美国马萨诸塞州斯普林菲尔德基督教青年会训练学校体育教师奈史密斯在体育馆内组织学生进行的游戏，他将竹篮固定在离地高约 3.05 米的墙上，然后将全班 18 个人分为 2 队，游戏时各队将球投入对方的竹篮内，进球多者为胜。因游戏使用的器材主要是竹篮和球，故称篮球。1892 年 1 月 25 日奈史密斯在《训练学校研究报告集》上介绍了篮球游戏方法，同年制定了 13 条比赛规则。1893 年 3 月 11 日在斯普林菲尔德基督教青年会训练学校举行了教师队与学生队的比赛，这是世界上有记载的最早的篮球赛。

19 世纪末至 20 世纪初，篮球运动流传到欧洲，首届世界篮球锦标赛于 1950 年举行。篮球场长 28 米，宽 15 米，中线将其分为两个半场，场地中央有一半径为 1.80 米的圆，用于比赛开球，篮板要用透明材料制成，横宽 1.80 米、竖高 1.05 米，底端距地面 2.90 米，球重 600～650 克。比赛时分两队，每队 5 人，将球投入对方球篮得 2 分，在三分区投入对方球篮得 3 分，罚球中一次得 1 分。自 2001 年开始，篮球实行四节制比赛，每节 12 分钟，分上、下半场，全场 48 分钟，以全场得分多者为胜。男女篮球分别于 1936 目年和 1976 年被列为奥运会比赛项目。

（二）赛场礼仪

篮球是技术性和对抗性都比较强的体育项目，比赛时运动员可以用快仪攻、掩护、接应、突破、传切、策应、转移、空切、三分球等战术来进攻，也可以用紧逼、联防、盯人、补位、协防、关门、夹击等技术来防守。高水平的篮球比赛常常被誉为绝妙的艺术，运动员娴熟的运球、巧妙的传球、准确的投篮、机智的抢断以及攻守交错等战术,都能给人以美的享受。

篮球运动员在赛场上出色的发挥是与球员自身的技艺和整个赛场的和谐程度相关联的,由于篮球比赛场地相对较小,球员又大多身高体壮,人与人之间的身体距离也比较靠近,如果运动员在规则和道德方面忽略了对自身的要求,赛场上就会出现混乱和不文明的局面。为了篮球和球员自身的荣誉,运动员在赛场上要做到规范有礼:运动员不能有拉、打、踢或是故意推对方球员的小动作、坏动作或伤人动作;运动员不能戏弄对手或在对手眼前摇手妨碍其视觉;运动员不可以长时间地悬吊在篮圈上以显示自己;运动员不能由于赌气而故意掷球打篮板,不可使用可能冒犯或煽动观众的语言和行为;运动员在裁判宣判犯规后要有礼貌地举手示意,如有问题要有礼貌地与教练、技术代表、记录台人员或对方球员进行交涉,不可大喊大叫,延误比赛。

篮球运动在世界范围内非常流行,由于它是在体育馆内进行的比赛,观众和球员之间的距离相对较近,为了不影响运动员比赛,观众要注意一定的赛场礼仪:在 CBA 等篮球赛事开始前要奏国歌,国际比赛时则要奏两国国歌,这时每一位现场观众要起立行礼;比赛前介绍出场运动员时观众要为每一位球员鼓掌;观众在观赛时要有激情,为主队也为客队呐喊助威;观众不能向场内投掷杂物、大声谩骂球员或教练,因为这样做会对比赛的正常进行和球员情绪产生不良影响;观众在照相时最好关闭闪光灯。

现代篮球技术正继续朝着强对抗、高速度、全空间的方向发展。在高水平的篮球比赛中,球队双方实力相当,运动员在球场上的每一次拼搏,都是对生命极限的冲击和超越,在身心上都需要付出艰苦的努力,这些都对运动员的身体素质及思想品质提出了更高的要求。闻名世界篮坛的“飞人”乔丹,他不仅为人们展现了精湛的球艺,更为重要的是他那镇定自如,充满自信的神情,让人们感受到了一种超人的人格力量,激发着人们奋进。观众通过观看这些高水平的篮球比赛,本身在精神和道德上也得到了熏陶。

三、排球

(一)项目简介

排球源于 1895 年,是美国马萨诸塞州霍利奥克城的基督教青年会干事摩根所创的室内游戏。游戏最初是在篮球场挂一张网,两队隔网站立,以篮育球胆为球,在网上打来打去,不使其落地。斯普林菲尔德市立学院的特哈尔斯戴博士将其命名为“volleyball”,意为“空中飞球”。1896 年摩根制定了世界上第一个排球竞赛规则,同年在斯普林菲尔德专科学校举行世界上最早的排球赛。1900 年左右排球传入加拿大,1905 年传入古巴、巴西等美洲国家,1914—1918 年第一次世界大战期间,排球先后在法国、意大利、苏联、波兰等国家广泛开展。1912 年规定双方上场的运动员必须轮转位置,1917 年规定每局为 15 分,1918 年规定上场运动员每队为 6 人,1922 年规定每方必须在 3 次以内将球击过网。1949 年举行首届世界男子排球锦标赛,1952 年起举行世界女子排球锦标赛。

排球比赛场地长 18 米、宽 9 米,中线将球场分为两个相等的场区,中线设置长 9.50 米、宽 1 米的球网。男子排球网高 2.43 米,女子排球网高 2.24 米。排球由皮革制成外壳,内装用橡皮或类似物质制成的球胆,重 260~280 克。比赛有两队参加,每队 6 人。每队可击球 3 次(拦网触球除外),将球击回对方场区。比赛方法以前采用发球得分制,1998 年 10 月 28 日国际排联决定改为每球得分制,仍为五局三胜,前四局每局先得 25 分者为胜,第五局先得 15 分者为胜,若出现 24 平或 14 平时,要继续比赛至某队领先 2 分才能取胜。每球得分制于 1999 年 1 月开始在国际排联组织的比赛中实施,2000 年 1 月 1 日起在各类比赛中实施。男、女排球从 1964 年起被列为奥运会比赛项目。

(二)赛场礼仪

排球运动被称作球类运动中的高雅运动,因此在赛场礼仪方面有很多需要注意的地方。对于运动员来说,应该注意以下几点。

其一,本队球员的服装必须统一、整洁,但自由人应身穿与队友不同颜色的服装。参加比赛时,如果比赛双方所有服装的颜色相同,主队应该更换服装,如在第三方场地进行比赛,则先登记在记录表上的球队更换服装。

其二,比赛场上每个参赛队必须有队长,队长的上衣左胸前应有一条与上衣颜色不同的长 8 厘米、宽 2 厘米的带状标志。参赛者必须以良好的体育道德作风服从裁判员的判定,不允许争辩,如有疑问,可以并只能通过场上队长提请解释。在比赛前和赛后,队长代表本队在记录表上签字并要感谢裁判员。

其三,在比赛发球时,任何一名发球队的队员都不能以挥臂、跳跃或左右摇晃身体等动作妨碍对方接球,运动员在接发球时也不要击掌或喊叫。替补队员必须坐在本场区外的长凳上,可以为本队鼓掌、喝彩,但不能进行指导。

其四,在比赛中,运动员的团结协作、互相鼓励是非常重要的。每一次进攻得分后队员们可以通过相互拥抱或击掌来鼓舞士气,当丢分的时候,队员们也要拍手示意以相互安慰,而不要彼此抱怨。

对于观众来说,在欣赏排球比赛时,首先要学会配合球员以营造一种始终高涨的赛场氛围,无论是主队、客队,只要队员做出一次精彩的倒地救球、拦网或进攻得分,观众都应该为之鼓掌叫好。当自己支持的球队失误或失分时,观众应该给予积极的加油鼓励,也可以不作声。无论对主队还是客队,观众都不要有喝倒彩、幸灾乐祸等不文明的举止。另外,观众还要注意以下几点。

其一,当运动员在比赛开始前做热身活动时,球可能会被打到看台上,捡到球的观众不应把球据为己有,也不要随意把球扔回场内,而应该把球交给捡球员,如果把球扔回场内有可能会绊倒运动员而造成伤害。

其二,球员在救某一个险球时,很可能连人带球飞出场外,如果比赛场地小,球员甚至会冲到观众席上,这时观众不要对球员做握手、拥抱等动作,而应该尽快协助球员回到比赛场地继续进行比赛。

其三,比赛暂停时,球员都会回到双方的替补席附近,在教练员对球员安排战术时,附近的观众要尽量保持安静,决不能有针对性地议论、评价甚至辱骂某个球员以给球员带来心理压力。

其四,在整个比赛过程中严禁使用闪光灯。观众可以照相,但是绝不能使用闪光灯,因为闪光灯瞬间的高强度亮光会严重影响球员对球走向的判断。

四、网球

(一)项目简介

网球与高尔夫球、保龄球、台球并称为世界四大绅士运动。网球的起源可以追溯到12世纪—13世纪的法国:当时在传教士中流行着一种用手掌击球的游戏,这种运动不仅在修道院中盛行,而且也出现在法国宫廷。1358年—1360年,这种供贵族玩的古式网球从法国传入英国。

近代网球起源于英国。1873年,会打古式网球的英国温菲尔德少校,在羽毛球运动的启示下,设计了户外网球运动。1877年,在英国伦敦郊外温布尔顿设置了几片草地网球场,同年7月,举办了首届草地网球锦标赛,即温布尔顿网球赛第一届比赛。1881年,世界上第一个全国性网球协会诞生——美国全国草地网球协会,该协会于当年8月31日至9月3日在罗得岛纽波特港举行第一届美国草地网球的男子单打和男子双打锦标赛,比赛采用了温布尔顿的比赛规则。当时美国总统罗斯福爱上了网球运动,他不仅积极支持修建网球场、举行网球比赛,而且还经常邀请陪同他骑马散步的朋友们在白宫球场上打网球,所以人们称他"网球内阁",美国的网球运动也因此得到了空前的发展,直到今天,美国的网球运动始终处于世界领先地位。

1913年3月1日在法国巴黎成立了世界网球的最高组织——国际网球联合会。20世纪70年代以后,网球运动又得到了进一步的发展:允许职业选手参加温布尔顿等锦标赛,取消了职业选手和业余选手的界限,开创了职业网球巡回赛的先河,增加了大赛的激烈程度和热烈争夺的气氛,从而促进了运动员技术水平的提高,造就了一批年轻的优秀选手。同时,科技在球拍等器材制造中的应用促进了先进器材的生产和技术水平的提高。目前,国际上有四大网球赛事,即澳大利亚网球公开赛、法国网球公开赛、温布尔登网球公开赛和美国网球公开赛。

网球赛每局以15、30、40计分，每胜一球得1分，先胜4分者胜一局，双方各得3分时为平分，平分后一方至少要比对手多赢2球才能结束该局比赛。如果对手落后至少两局，那么先赢得六局的球员就赢了这一盘，如果这盘是6∶5，那么双方就要再打一局，若占先者赢了，即该盘比分为7∶5，判占先者赢得此盘。若另一个球员把这盘扳平为6∶6，那就由决胜局（抢七局）决定谁为胜者。在网球3盘赛中，是先赢得2盘者为胜者，即为3盘2胜；在5盘赛中，是先赢得3盘者为胜者，即为5盘3胜。

（二）赛场礼仪

网球在国外是一项很绅士的运动，有着深厚的文化底蕴。网球赛场与热闹非凡的足球、篮球和排球赛场不同：虽然网球场也是竞技场，总会有激烈的争斗上演，但网球场要求的是一种安详与和谐，要求球员与观众具备良好的行为素养和发自心底的友善态度。

1. 球员礼仪目

其一，每个选手出现在赛场时都必须穿着洁净、整齐、符合习惯及要求的网球服装。正规比赛中男子应着半袖上衣及短裤，女子应着中袖或无袖上衣及短裙或连衣短裙。参加温布尔顿或其他草地网球比赛时球员必须穿仪草地网球鞋，除准备活动外，网球服及鞋袜的颜色必须以白色为主。双打比赛时，同队选手应着一致的比赛服装出场。

其二，"尊重网球场上的一切人与物"是球员最起码的行为准则。运动员除必须尽自己最大的努力去争取胜利外，在赛场上不能做任何带有污辱性的手势及身体动作，不能对观众、裁判、对手等说任何带污辱性的语言，不能以摔、敲、踢拍子等形式发泄不满。

2. 观众礼仪

其一，严格遵守赛场安检的规定，不携带玻璃瓶、易拉罐等硬包装饮料进入场地，一些电子通信设备（包括电视、收音机、电脑等等）也不能带进场地，因电视及收音机的杂音会影响到选手的发挥，婴儿也不能带进场地，因为他们的声音无法控制。另外，在美国网球公开赛中，照相机、摄影机都是限制带入场地的。

其二，网球比赛中在单数局时双方球员要换边并进行短暂的休息，但第一局结束后球员只换边而不能坐下休息，所以这时一般不允许外场观众进场。在三、五、七等单数局或一盘结束后，要进场的观众可在引导员的帮助下尽快进场入座。如果在比赛开始时仍没找到自己的位置，应该就地坐下，在下一次球员换边时再找座位。

其三，网球是一项失误较多的比赛项目，球速很快，选手一旦受到场外影响就可能注意力不集中而使击球动作变形，所以在观看比赛时，观众要尽量保持安静，看台上应该是只有掌声而没有其他的嘈杂声，而且观众也不能在任何时间随意鼓掌，一定要等一个死球后才能鼓掌，鼓掌的时间也要适可而止，因为选手在准备发球的时候现场要保持安静，如果现场迟迟不能安静下来，选手就不会发球或者向裁判提出抗议。另外，在比赛时观众也不要随意交谈、吃东西或随意走动。一般情况下，观众在观看比赛时是不允许拍照的，如果实在想拍照则绝对不能使用闪光灯。

其四，如果选手把球打到观众席上，观众应该将球退回。因为在一场比赛中换球的次数是有规定的，一般为单数局换球。在高水平比赛中，每个球的弹性以及和地面摩擦后掉毛的情况都是不同的，球的重量和弹起高度在高手眼中也是有差别的，所以比赛中选手会严格按照比赛的规定换球，中途一般不愿意换球。如果观众不退还球，那么比赛会因此而中断，直到观众退回球或是等到换球时间。

五、羽毛球

（一）项目简介

羽毛球的起源非常有意思。据史料记载，1840 年英国驻印度浦那的军官在酒瓶的软木塞上插入羽毛，用酒瓶打来打去，后成为一种游戏，在驻印度军官中流行起来。19 世纪 60 年代，一些退役军官将这种游戏带回英国。

1873 年英国博福特公爵在他的庄园巴德明顿宴请宾客，一些从印度回来的军官表演了这种游戏，后逐渐在英国流行，巴德明顿庄园因而成为羽毛球运动的发源地，于是将羽毛球运动命名为 Badminton。1877 年英国出版了第一本羽毛球竞赛规则，同年英国成立羽毛球俱乐部，1893 年英国羽毛球协会成立。自 1899 年在英国举行全英羽毛球锦标赛起，重要的国际羽毛球赛事相继出现，其中包括世界羽毛球个人锦标赛、汤姆斯杯（正式名称应为国际羽毛球挑战杯的男子羽毛球团体赛）、优霸杯（女子羽毛球团体赛）、苏狄曼杯（男女羽毛球混合队比赛）及世界羽毛球格兰披治大赛等，直至 1992 年，羽毛球才正式成为奥林匹克运动会的比赛项目。羽毛球由天然材料、人造材料或混合制成，有 16 根羽毛固定在球托部，重 4.75~5.50 克。羽毛球场地长 13.40 米，单打场地宽 5.18 米，双打场地宽 6.10 米，中间悬挂长 6.10 米、高 1.55 米的球网。比赛时，运动员隔网站立，用球拍击打羽毛球，争取球落在对方场地或对方击球失误。双打和男子单打先得 15 分的一方胜一局，女子单打先得 11 分的一方胜一局。在打成 14 平（女子单打 10）时，先得 14 分（10 分）的一方，可以选择加赛 3 分或不再赛，选择加赛 3 分后，先获 17 分（13 分）的一方胜该局。

（二）赛场礼仪

羽毛球运动自诞生之日起，始终是一项文明程度很高的体育运动，特别是在正规比赛时，赛场礼仪对参赛者的服装、赛场行为以及观众的表现都有很严格的要求。

在服装要求上，运动员在奥林匹克运动会、世界锦标赛、汤姆斯杯赛、尤伯杯赛、世界团体锦标赛等系列大奖赛总决赛，以及在由国际羽联主办的其他比赛的比赛场上应穿以白色为主或已由有关国家组织在国际羽联注册的颜色的服装。双打比赛同队两名运动员的服装颜色必须一样，如遇比赛双方服装颜色有冲突，则均应改穿白颜色的服装。

在比赛中，运动员要有良好的行为规范，一旦开始发球，双方队员要马上站好位置，发球员不能故意拖延时间，接球员也不能迟迟不作接球准备。在比赛的进程中，双方都不能以假动作来有意妨碍对方或有其他企图占对方便宜的不正当行为。

在所有球类项目中，羽毛球可能是对声音、色彩、光线乃至室内的小气候要求最严格的项目。观众在观看比赛时，要特别注意以下礼仪：

其一，羽毛球运动是一项对运动员的注意力要求相当高的体育项目，许多运动员特别是高水平运动员，在比赛中能否保持精力集中，是决定发挥水平并获胜的关键，所以观众在观看比赛时应该为运动员创造安静无扰的比赛环境，特别是在运动员发球和接发球时，需要保持绝对的安静，不能随意发出声音，也不要随便走动。当运动员打完一个球后，观众才可以鼓掌、叫好，而当运动员开始准备下一个球时，观众就应该马上安静下来。另外，羽毛球赛场的背景一般相对较暗，但为了不干扰运动员的注意力，观众在照相育时绝对不能使用闪光灯。

其二，观众要学会欣赏运动员高超的球艺，明白运动员获胜或失误的原因，而不是只图看热闹或像看足球比赛那样宣泄激情。有的观众喜欢在赛场上一边看比赛，一边大呼小叫地做“场外指导”，认为这样喊叫可以活跃赛仪场气氛，岂知这样做会打乱运动员的战术思路，影响运动员水平的发挥。

其三，羽毛球赛场通常是封闭不通风的，整个场地会比较闷热，观众要记得随身携带小扇子、纸巾或手绢等用品，以备降温或擦汗之用，用完纸巾记得妥当回收，不要随意乱扔。观众绝不能因为场馆闷热而袒胸露背。

六、乒乓球

（一）项目简介

乒乓球起源于英国，由网球运动派生而来。19 世纪后期，英国一些大学生在室内以桌为台，书为网，酒瓶软木塞为球，在桌上推来挡去，形成“桌上网球”

游戏。1890 年左右英格兰著名越野跑运动员吉布从美国带回空心赛璐珞球,代替软木塞。因赛璐珞球击在木板拍上发出乒乓声响,故称“乒乓球”。1891 年英国人巴克斯特申请乒乓球商业专利。

1900 年 12 月伦敦举行了有 300 余人参加的乒乓球比赛。1902 年日本东京高等师范学校教授坪井玄道将乒乓球活动引入日本。1904 年上海四马路一家文具店的经理从日本购买了十套乒乓球器材,将乒乓球活动介绍到中国来。20 世纪 20 年代,乒乓球逐渐在欧洲、美洲和亚洲各国广泛开展。1903 年英国人古德发明胶皮球拍,随即旋转削球的打法问世。1926 年起举办世界乒乓球锦标赛。50 年代日本使用海绵贴面球拍,推出弧圈球、发球抢攻的打法。60 年代中国首创近台快攻打法。

乒乓球球拍大小、形状、重量不限,但板面覆盖的颗粒胶厚度至多 2 毫米。乒乓球台面长 2.74 米,宽 1.525 米,离地 0.76 米,中央有一垂直的球网将台面分为两个大小相等的台区。乒乓球比赛分男、女团体,男、女单打,男、女双打和男女混合双打 7 个项目。1988 年乒乓球进入奥运会,设男女单打、男女双打 4 个项目,单打双打均为七局四胜,在一局比赛中,先得 11 分的一方为胜方,10 平后,先多得 2 分一方为胜方。

(二)赛场礼仪

乒乓球比赛时,双方球员应克服那些可能不公平地影响对手、冒犯观众或影响本项运动声誉的不良行为。如故意弄坏球或将球打出赛区、摔球拍、踢球台或栏板,掷球攻击或以不文明的表情与手势侵犯对方球员,拖延比赛,不尊重比赛官员等。

乒乓球比赛是在室内进行的,场地比较小,比赛时观众不能将锣鼓带进场内,但可以带小型的旗帜和标语。观赛时观众要把手机调到振动状态。

运动员在准备发球的时候,观众应该保持安静,助威呐喊和鼓掌应该在死球之后进行。在比赛时,观众绝对不能使用闪光灯拍照,因为闪光灯会对接发球造成影响,尤其会造成接球球员判断失误。另外,乒乓球比赛场馆一般是不开风扇或空调的,观众要事先做好降温的准备。

七、棒球

(一)项目简介

棒球运动的起源说法不一,有的认为源于 15 世纪英国的板球,但多数认为始于美国。1839 年美国陆军军官道布尔戴在纽约州的库珀斯敦举办了首次棒球比赛,1845 年世界第一个棒球俱乐部在纽约成立,并由卡特赖特确定正式比赛场地的规格,并制定较细的竞赛规则。1869 年美国成立世界上第一个职业棒球队,1871 年美国成立全国职业棒球队。

棒球运动是一项在室外场地使用球棒和球轮流进行攻守对抗的球类运动,两队各上场 9 名队员,比赛双方的目标是赢得比对方更多的分。棒球场地分为内场和外场,内场为正方形,四个角上各有一个垒位。棒球的打法可概括为投球、击球和接球三部分。攻方队员击球后跑垒,依次踏触一、二、三垒,最后安全踏触本垒的进攻得一分。如攻方队员 3 人出局无人跑回本垒,攻方得零分,攻方变成守方。

棒球仅设男子项目,1992 年被列为奥运会比赛项目。

(二)赛场礼仪

棒球是在世界上非常有影响力的运动项目,有 14 个国家将棒球视为国球。棒球赛场礼仪可以归纳为以下诸多方面。

棒球球员上场比赛时要戴专业头盔,同队队员应穿着式样和颜色整齐一致的比赛服装,服装上面不能有闪光纽扣或饰物。每队应有深浅颜色不同的两套服装,每场比赛的先攻队穿浅色,后攻队穿深色。在比赛时,球员要善待比赛用球,任何队员不得故意磨损、污损或弄脏比赛用球。球员不能用手势煽动观众闹事,也不能用语言攻击对方队员、裁判员或观众。在攻守活动正在进行时,球员不能呼喊“暂停”或使用其他语言或动作诱使对方投手犯规。

相对于其他运动,棒球规则较复杂。不熟悉足球规则,并不妨碍观众欣赏精彩的进球,但棒球不同,不懂规则就无法理解投手为什么要选择发一个坏球而不是好球,所以观众在欣赏比赛前,最好先了解比赛规则,懂规则才能更好地欣赏比赛。

在棒球比赛中,裁判员凭主观判罚的情形非常多,观众应当尊重裁判员的判罚和决定。举例来说,是跑垒员先上垒,还是防守队员先把球传给垒上目队友封杀跑垒员,往往只有十分之一秒的时间差,还有就是投手投出的每一个球是好球还是坏球均要由裁判来判断,即使是通过电视慢镜头也很难判别,大部分是靠裁判员的直觉来判罚,这就要求球迷不要凭借自己的视角和主观臆断来指责裁判员的判罚,要相信裁判员裁决的公正性,毕竟裁判员距离现场最近,他们又是最懂规则的专业人士。棒球比赛设置4名裁判(有的比赛设6名裁判),就是为了最大限度地减少评判误差和错判。

棒球赛场与其他球类赛场一样,观众可能相当狂热,但观众一定要把自己的热情控制在理智的范围之内。投球和击球的时刻是最让人紧张的,这时候运动员集中了全部的注意力,观众在此时最好不要发出声响,球击出之后,再尽情加油、喝彩。

与足球、排球等比赛不同,运动员如果将棒球击到观众席上,无论此球是本垒打还是界外球,接到球的观众都可以将它收藏。在棒球比赛中,经常看到观众为抢夺一个球而争执的场面,击球员也很乐意看到这种景象。运动员与球迷形成互动,是棒球比赛区别于其他比赛很有意思的一点。但通常飞到观众席上的棒球,接到它的人应该将它送给附近就座的小球迷或是女性观众,以显示风度。

有特殊意义的棒球具有很高的价值。1998年,当大联盟著名球员马克·麦克道维尔打出创纪录的第73号本垒打时,收藏那个棒球的球迷将球以100万美元的高价拍卖并获得了成功,可见棒球比赛的巨大魅力。日本的广岛棒球场观众席较低,有些远程本垒打通常会飞到场外,总有些没有球票的小朋友在场外“守株待兔”,等待着捡到它们后收藏。美国大联盟球队的一个主场设在海边，当本垒打飞出场外后，可以看到多名球迷划着小艇争夺棒球的场面，煞是有趣。

八、垒球

（一）项目简介

垒球诞生于19世纪80年代的美国芝加哥，同美国三大运动之一的棒球相比，垒球所需的场地小、球体大、球速慢（因为垒球运动的规则规定在抛球过程中，手必须要在肩下）。由于以上诸多优点，垒球运动很快风靡美国各地。随着二次世界大战中美国势力的扩张，垒球运动在全世界得到了推广。此后，垒球逐渐成为女子运动，现在全世界有2000万人进行这项体育运动。1996年，垒球成为奥运会正式女子比赛项目。

垒球运动分为两种：快速垒球和慢速垒球。在垒球运动发展初期，每方有10名上场队员，包括4名游击手。由于慢速垒球的规则要求投手掷出的球必须要有弧线，从而限制了球速，比赛的比分通常很高。相反，快速垒球则是低分投手的竞争，比赛中只有9名上场队员。第一届女子垒球世锦赛决赛后，快速垒球很快成为垒球运动的主流。

（二）赛场礼仪

垒球运动脱胎于棒球，是一种类似于一棒击球、攻占堡垒的球类运动，其使用的场地和棒球运动类似。虽然垒球的技术难度和运动剧烈程度均低于棒球，场地也比较小，但女选手们在赛场上的努力拼搏和飒爽英姿还是颇具观赏性的。观看垒球比赛，观众的助威节奏要和比赛的进程合拍。例如，球手在击球的时候，观众要尽量保持安静，因为击球的好坏对比赛的胜负起着决定性作用。跑垒员接住球之后，观众便可以尽情地助威呐喊。

九、手球

（一）项目简介

19世纪末，捷克斯洛伐克、德国和丹麦等国出现类似手球的游戏。1917年德国柏林体育教师海泽尔为女子设计了一种集体游戏，规定运动员只能用手传递或接抛球，身体不得接触。1919年柏林另一位体育教师舍伦茨对海泽尔的游戏做了改进，规定持球者传球前可跑3步，允许双方身体接触。1920年制定了手球竞赛规则。1925年德国与奥地利举行首次国际手球赛，以后手球比赛逐渐在世界各国开展。1928年举行首届世界男子手球锦标赛，1957年起举办世界女子手球锦标赛。男、女手球分别于1936年和1976年被列为奥运会比赛项目。

手球场地长40米，宽20米，除了守门员任何人都不能进入半径为6米的球门区。除了小腿和脚，球员可以用身体上的任何部位传接球。每个队员在传球、拍球或射门前，球在手里最多只能停3秒。每人持球后只能走3步，如果拍了一下球，则还可以再走3步。守门员可以用身体的任何部位触球，包括脚。任意球是犯规最轻的处罚，罚球队员必须在犯规地点罚球。自由区域是距球门9米远的一个弓形区域，在自由区域内犯规，罚球球员必须退到自由线上。防守方严重犯规将被判罚点球，点球发射点在球门正前方7米处。手球比赛两队各上场7名球员。每场比赛分上下半场各30分钟，中间休息10分钟，以射入对方球门多者为胜。

（二）赛场礼仪

对抗激烈是手球竞赛最主要的特点。在比赛中，规则规定防守队员用身体阻挡进攻队员是合法动作，由此，比赛中运动员身体接触异常频繁，对抗十分激烈。尽管如此，球员在比赛时还是要注意自己的言行举止，应避免以下无礼行为：当对方掷罚球时，大声喊叫；暂停期间，当对方准备持球掷任意球时将球踢走；持球队员假意将球递给对方掷任意球，当对方接球时，故意将球掉落；互相辱骂;当球越过边线时,替补席队员不拾回这个球;当球在外球门线以外时,守门员故意缓慢拾球或将球推到更远处;抓对方衣服;比赛停止后或中断时,故意将球掷中对手等。

观看手球比赛没有太多的禁忌,由于手球运动传球速度快,队员跑动快,战术配合快,整个赛场令人眼花缭乱,观众很多时候都处于高度兴奋的状态。需要注意的是,观众在看比赛时不要一味地狂呼乱喊,要适当地保持理智和冷静,欢呼喝彩要符合场上比赛的节奏。如罚球之前,观众最好保持安静,不要扰乱运动员的情绪,罚球结束之后再鼓掌喝彩。

十、曲棍球

(一)项目简介

曲棍球又称草地曲棍球,它起源于什么时候,哪一个洲一直有争议,因为亚洲、欧洲、美洲和非洲都曾流行过以弯棍击球的游戏。据文献记载,古希腊的建筑浮雕上有两人持弯棍争球,四人持弯棍一旁观看的图案;埃及出土文物中发现有持弯棍击球的描述;中国唐代也流行过步打球的游戏。

现代曲棍球的兴起是在 19 世纪下半叶的英国。1840 年英国成立世界上第一个曲棍球俱乐部,1875 年伦敦一些曲棍球俱乐部创立世界上第一个曲棍球联盟,1886 年英国曲棍球协会成立,同年出版了竞赛规则,1895 年在英国举行首次曲棍球赛。曲棍球场地长 91.40 米,宽 55 米,球门高 2.14 米,宽 3.66 米,球棍长 80~95 厘米,球重 156~163 克。比赛时两队各有 11 名运动员上场,全场比赛时间为 70 分钟,分上、下两个半时,中间休息 5~10 分钟,用球棍将球击打到对方的球门里得分。男、女曲棍球分别于 1908 年和 1980 年被列为奥运会比赛项目。

(二)赛场礼仪

曲棍球是最具技巧性的集体球类项目,与冰球的球杆可以左右控球不同,曲棍球的球棍一面是圆的,另一面是平的,运动员只可用平的一面控球,对技术要求很高。在比赛时,运动员用球棍来控制地面的球已经非常不容易,还要时刻观察双方队员的位置,因而运动员之间的战术运用和相互配合就显得至关重要。由于当初曲棍球运动兴起时参与者多为女性,所以曲棍球赛场礼仪一直要求运动员的动作要中规中矩,言行要具有君子风范。例如,冰球运动允许运动员有一些冲撞,但在曲棍球比赛中是绝对禁止的;运动员们手持的球棍只能用来击球,决不可用来故意伤人等。

曲棍球和足球都是11人制的集体比赛项目,和足球比赛一样,曲棍球比赛是一项快速、激烈、对技术要求非常高的运动。曲棍球的比赛用球既小又硬,飞行速度能达到每小时100英里,经常能看到一记长传,球就从后场直奔对方球门。在高水平的比赛中,球员精湛的控球技术、迅速的攻防转换使比赛紧张激烈,扣人心弦,所以欣赏球员高超的技术是比赛的主要看点,看到球员精彩的个人发挥以及球队精妙的配合,观众一定不要吝惜热烈的掌声。

第三节　重竞技项目

重竞技项目多属于比较激烈的搏击型比赛项目,运动员除了需要具备强健的体魄,还需要有非常清晰的战术思路。重竞技比赛项目规则往往很复杂,而且较之其他运动项目更注重运动员之间的礼仪。观赏这类比赛时,观众要以审美的角度来欣赏运动员力量与技巧的和谐统一,并要以适当的方式为运动员加油助威。

一、跆拳道

(一)项目简介

跆拳道起源于1500年前的韩国民间武术,由韩国的花郎道、中国的武术、日本的空手道融会而成,是一种利用拳和脚进行格斗的体育项目。公元688年新罗王国统一韩国,跆拳道得到大力推广。韩国的一些顶尖武术家在20世纪

50年代将武术的各种形式统一成一种只用手和脚进行搏击的形式，并将这种联合后的武术形式定为“跆拳道”，意思是“手脚并用的搏斗方式”，之后逐渐在世界各国广泛开展。跆拳道是以脚法为主的功夫，其套路共有24套，另外还有兵器、擒拿、摔锁、对拆自卫术等十余种功夫。比赛双方以脚踢打对手的头和身体或用拳击打对方身体而得分。比赛分3个回合，每回合3分钟，两回合之间休息1分钟。1973年起开始举办世界跆拳道锦标赛。1988年跆拳道被列为奥运会表演项目，2000年悉尼奥运会上跆拳道成为正式比赛项目。

（二）赛场礼仪

“礼仪”是跆拳道运动必不可少而且是十分重要的组成部分。由于跆拳道是练习者精神和身体的综合修炼，目的是使练习者在艰苦的磨炼中培养出理想的人格和体魄，并能够真正掌握防身自卫的本领，因而对练习者精神锻炼一环中就必须包括“礼仪”的教育和熏陶。跆拳道运动员或练习者始终是在不同的场合行礼鞠躬，就是因为跆拳道运动始终把“礼”作为运动的重要内容，强调“礼始礼终”，即运动要从礼开始，以礼结束，并突出爱国主义。

通过行礼的方式，培养跆拳道练习者发自内心的行礼习惯，以养成恭敬谦虚、友好忍让的态度和互助互学的作风以及坚韧不拔的意志品质。

在赛场上，跆拳道运动员的礼仪包括以下几个方面。

其一，赛前礼仪：运动员首先依照主裁判“立正”“敬礼”的口令，立正向裁判席行标准礼。标准礼为鞠躬的自然姿势，腰部前倾15度，头部下倾45度，两手于双腿两侧自然下垂，两脚跟并拢。然后，运动员依照主裁判“向左向右转”口令，内转相对，立正站好，再依敬礼口令，相互鞠躬施礼。

其二，赛后礼仪：比赛结束时，运动员在各自位置相对站好，依照主裁判“立正”“敬礼”口令，相互敬礼，然后运动员依照主裁判“向左向右”及“敬礼”的口令转向裁判席，向各裁判行标准礼。

其三，在比赛过程中，如果运动员道服松开，则要示意裁判暂停比赛。此时运动员要转身背向会旗（或国旗）和教练员及同伴整理道服，整理好后再转回原来方向。

其四，无论表演还是竞技跆拳道，选手在出击时多以发出洪亮并带有威慑力的声音来显示自己的力量，尤其是在竞技跆拳道比赛中，双方都会以规则允许的发声来提高自己的斗志，借以在气势上压倒对手。需要注意的是：选手在发声时，不能表现出对对手轻视、挑衅的表情。跆拳道虽然是以双方格斗的形式进行，但是不管它怎样激烈，由于双方都是以提高技艺和磨炼意志品质为目的，所以在双方各自内心深处都必须持有向对方表示敬意和学习的心理。

跆拳道倡导的是“以礼始，以礼终”的尚武精神，观众在观看跆拳道比赛的时候当然也应该遵守相应的礼仪。

其一，跆拳道是精彩激烈的搏击项目，观众的情绪在比赛期间会随着运动员精彩的搏击而不断高涨。但观众情绪的高涨应该有个度，毕竟跆拳道是一个蕴涵体育精神的竞技项目，而不同于一般的打打杀杀，观众的心态应该放平和。例如在观看比赛时，每当运动员完成一个精彩的技术动作，观众叫一声“好”并鼓掌示意就可以了，千万别掺杂着情绪喊出一些类似于“踢他”“打他”的话语，这不仅不文明，也是对运动员的不尊重。

其二，在跆拳道比赛现场，裁判员判分有着相当大的主观性，这样的裁决方式有时的确容易产生“歧义判决”。在这种时候，观众要保持冷静，不要群起而攻之，否则极易干扰选手情绪，扰乱赛场秩序。

二、摔跤

（一）项目简介

摔跤运动历史悠久，早在公元前 776 年古代奥运会诞生之时，摔跤就是其中的一项比赛。在古代奥运会中断 1500 年后，现代奥运会于 1896 年兴起，“古典式摔跤”成为奥运会正式比赛项目。在古典式摔跤比赛中，摔跤选手严禁使用腿攻击对手，也严禁攻击对手的双腿，只能用双臂和上半身攻击对手，也只能扭抱对手的这些部位。后来，另一种更加自由的摔跤形式风靡英美，1904 年奥运会增添了“自由式摔跤”，允许选手用腿来压迫、挑起和绊倒对手，也允许扭抱对手腰部以上或腰部以下的部位。

规则规定比赛中任何一方只要将对手的肩膀压到毯子上的时间足够长并可以控制对手（一次摔倒对方）就算获胜。选手也可以点数取胜，比赛中领先10点就算获胜（技术优势）。如果双方都不能领先10点以上，则比赛结束时获得点多者胜（技术点）。

每场摔跤比赛分为两轮，每轮3分钟，两轮之间有30秒的休息时间。如果在两轮比赛结束时双方得分相同或双方得分均未达到3点，将进行3分钟的加时赛。如果加时赛结束时双方得分仍然相同或双方得分均未达到3点，则由场上裁判、场下裁判和本场主席投票决定获胜者，参考因素有摔跤手的点数和由于消极而被警告的次数。

（二）赛场礼仪

摔跤是一项对抗性强、竞争激烈的运动项目，具有很强的观赏性。由于参赛的两位选手的身体在比赛过程中大部分时间都处于“零距离接触”状态，因此选手在保持仪容整洁方面需要多加注意。一般来说，参赛选手指甲必须剪短，不能留胡须。头发必须很短，或者在裁判的指导下向后梳并且系好。选手不能带着汗水走上摔跤毯，也不得在身上涂油脂，更不能佩带任何可能伤及对手的饰品，如戒指、手链和耳环等。摔跤比赛中还有一条特别的礼仪潜规则延续至今，即选手必须带手帕参赛，通常是要求选手将手帕塞在护裆里。本来古代摔跤手带手帕，是用来在比赛中擦血、擦鼻子和唾液等，现在这些都由医生来处理，然而选手必须带手帕这一条规则却一直保留至今。

由于是两个人面对面搏击，运动员的士气是非常重要的，如果观众像看台球、围棋一样沉默冷静，往往就会让选手觉得鼓不起劲来，觉得士气会低落，因此在摔跤比赛过程中，观众可以尽情地为选手加油，只要别带有太强倾向性的、干扰比赛的言语就行。作为一名内行观众，当选手使用高级技术，把对手大幅度腾空翻转摔到垫上，或者以类似的高难度动作得高分时，都应当给予热烈的掌声。跪撑角斗“滚桥”时，如果运动员连续翻滚成功也应得到喝彩，如果运动员滚了半天滚不过来，还一直在坚持努力，这时候观众也应当给予掌声，为之加油。

摔跤是一项文明的运动，观众没有理由做出粗鲁无理或是夸张的举动。可一旦融入了火辣的现场气氛中，一些观众难免情绪激动，不文明的言行举止随之出现，诸如“踢他，踢他”“扔啊，快扔”之类的不雅言语，以及一些弯胳膊、撸袖子、攥拳头似乎要与场上选手共同进退的架势。当然这些观众是因为看比赛太投入才会有上述举动，而且也是出自善意的盼赢心理，但这些加油的语言和动作却违背了相互尊重的体育精神。其实摔跤比赛看似激烈，实则在漫长的发展过程中早已形成了一套完善的规则，早就与“野蛮”二字无缘。观众加油喝彩要掌握尺度，要给自己支持的运动员加油，同时也不能伤害对方运动员的感情。

三、柔道

(一)项目简介

柔道运动起源于日本。1882 年日本人嘉纳治五郎将中国武术的踢、打、摔、拿以及日本的武技、柔术等技术融为一体，创立柔道，同年在东京永昌寺开设讲道馆。第二次世界大战后，柔道传播到欧美等国。1956 年举行首届世界柔道锦标赛。男、女柔道分别于 1964 年和 1992 年被列为奥运会比赛项目。

柔道文雅的一面在哲学思想和技巧上表现得很明显，与其他迅速而熟练地刺和踢的格斗技术不同，柔道中教导的是“灵活就是力量”。

柔道比赛在榻榻米上进行。比赛时，运动员身穿白色或米黄色柔道服，徒手赤脚，腰扎段位带，比赛要求选手对对手的四肢、脖子做出“锁臂”“扼颈”等动作，将对手扔倒或压制在地，直到对手认输或清楚地将对手扔倒在地，方可取得胜利。比赛中选手不许用头、肘、膝顶撞对方，不许抓对方头发或对对方肘关节以外的其他关节使用反关节动作。男子柔道比赛时间为 5 分钟，女子为 4 分钟，如果双方均未得到 1 分，得半分者胜。如果双方均未得分，则依据选手的累计点数，根据接近有效程度的判定胜负的资料来决定选手的胜负。

男女柔道比赛以运动员的体重分为最轻量级、次轻量级、轻量级、次中量级、中量级、次重量级、重量级等级别。运动员可按体重级别参加比赛，还可参加无差别级的比赛。

（二）赛场礼仪

柔道是东方传统的武道，它不仅追求攻防技艺的磨炼，更要求习练者有良好的道德品质修养。柔道比赛蕴含着丰富的礼仪内容。

其一，服饰礼仪。柔道服应为白色或米黄色，上面不能带有不必要的标志。柔道上衣的长度须过大腿的一半，袖长须过前臂的一半，但不能长过腕关节，在衣袖和臂之间应留有 5~8 厘米的空隙。裤子不得带有任何标志，其长度须过小腿的一半，但不得长过踝关节，在腿和裤脚口之间应留有 5~8 厘米的空隙。在腰部必须系一条结实的其颜色代表段位的宽 4~5 厘米的腰带，腰带要用方结系紧以防止上衣敞开，其长度须在绕腰两周系好后，两端各留有 20~30 厘米的空余段。女运动员须在柔道衣内穿一件结实的白色或米黄色的 T 型短袖衣，其长度须长到能把底襟压在裤子里。

其二，仪容礼仪。选手必须穿着洁净、干燥的柔道服上场比赛。选手的手指甲和脚指甲必须修短，个人卫生须达适度标准。为避免给对手造成不便，留长发的选手须把长发束扎起来。

其三，比赛礼仪。在比赛时，为了表示相互尊敬，比赛双方都是从礼开始，并以礼结束。

比赛前，选手应面对面站在比赛区内和自己标志带相同颜色的红、白标志线上，然后相互行立礼并向前一步，在主裁判宣布“开始”的口令之后，开始进行比赛。行立礼的基本过程是：首先身体成自然站立姿势，两脚脚跟并立，膝关节伸直，两眼注视对方，接着上体前躬约 30°，两臂下垂，两手手指放在膝关节上方的大腿处，稍静止，最后自然抬起上身，恢复原来站立姿势。整个过程大约在 4 秒钟左右。

在比赛时，选手要相互尊重，不可向对手做出贬义的手势或类似举动，且不能用手、脚、腿或胳膊击打对方的脸部，在被对手控制的情况下不可掰对方的手指。

比赛结束时选手也需互相致礼。另外，在每场比赛开始之前，三名裁判仪(一名主裁判和两名副裁判)须一起站在比赛场地的界限内向主席台行礼，然后就位。

柔道运动和摔跤运动一样，展示的是一种搏击美，观众在观看比赛时切不可将柔道视为简单的搏斗表演。柔道运动追求的是平衡，选手靠选择时机利用对手的失衡，控制对手并将对手摔倒，而且只有使对手的肩膀落地才能取胜。所以，观众要看得懂场上运动员比赛的进程，知道在什么时候鼓掌，什么时候不能鼓掌。有的观众只要见到一方倒地就拍手叫好，有的观众甚至看到运动员摔倒的场景还会叫倒好，这些都是不文明的观赛行为。还有，无论是哪个国家的运动员，只要其动作干净漂亮，观众都要为之加油鼓掌。

四、拳击

(一)项目简介

拳击运动源远流长，可考证的历史大约就有5000多年，是文明和规则把拳击运动引入健康的发展轨道，并最终成为奥运会常规的比赛项目。

公元前688年第二十三届古代奥运会上，拳击被列为比赛项目，但那时的拳击比赛没有护具，规则简陋，比赛一直要到对手失去战斗力或认输才能结束。到罗马时期，拳击演变成残杀性的比赛，公元394年罗马皇帝下令禁止一切拳击活动。现代拳击运动开始于英国。1743年，英国“拳击之父”约翰布劳顿推出世界上最早的职业拳击比赛规则，此后又发明了拳击手套。1865年，英国记者钱伯斯修订了“昆斯伯利规则”，现代拳击竞赛框架形成。该规则经过20多年的实践与完善，于1891年得到世界公认。1896年第一届现代奥运会组委会出于安全考虑，取消了拳击项目，1904年第三届奥运会又恢复了拳击项目，1912

年奥运会拳击项目再次被取消,直到 1920 年拳击项目才重回奥运会并一直持续了下来。

拳击是对抗性极强的运动项目,比赛中的打斗和可能产生的伤害使一些人认为拳击是一项残酷、不人道的运动。其实,稍微深入了解一下这项运动就会知道并非如此。国际业余拳联公布的统计结果表明,业余拳击的伤害率在所有项目中仅排 11 位,远比滑雪、赛车、曲棍球、橄榄球、足球、体操等运动项目低,而且规则的不断完善和护具的改进使运动员的安全更有保障,使拳击比赛更加文明。

拳击业余比赛和职业比赛有着很大不同:在国际业余拳联自 1997 年开始实行的新规则中,规定业余拳击比赛实行 5 个回合制,每个回合打 2 分钟,回合间休息 1 分钟。职业拳击比赛一般是实行 10 到 12 回合制,回合中间休息 1 分钟。业余拳击比赛主要靠技术得分来判定胜负,所用拳击手套大而且厚,比赛时红蓝双方运动员要穿背心、短裤、软底拳鞋,并且戴护头盔。职业拳击比赛主要靠强烈攻击或将对方击倒判定胜负,比赛时拳手的手套小而且薄,拳手赤裸上身、头部不戴头盔。拳击比赛根据运动员的体重

划分成不同的级别,业余拳击比赛分为 12 个体重级别,职业拳击比赛分为 8 个体重级别。

在拳击业余比赛时,运动员用拳直接击打对方头部或腰以上部位的正面或侧面,为有效击中,每击中一次得 1 点。裁判员根据双方在 5 个回合中所得的总分判定名次。当一方运动员被击倒后,裁判员要开始数秒,从 1 数到 10,并用手势表示秒数,如裁判员数到 10,该运动员还不能站起来,则判对方获胜。

(二)赛场礼仪

拳击作为现代体育的一个项目,有别于作为军事训练科目的“拳击”和作为防身手段的“散打”,目的是通过竞技磨砺意志,强健体魄,健美身心,增进友谊。因而,在拳击场上,拳手要有正确的行为规范,要以真正的体育精神来参加比赛。

在拳击业余比赛中,参赛拳手必须戴合乎规格的拳击手套、头盔、护齿和护裆上场比赛。拳手下巴禁止蓄有胡须,上唇胡须最长不能超过上唇缘。

参赛拳手要在第一回合开始之前和比赛结果宣布后相互握手,以示友好。在比赛时,拳手不能击打对方腰线以下部位,不能用手臂和肘部挤压对方的脸部,不能把对方的头往围绳外压,不能张开手掌击打或用掌背击打,不能击打对方的头颈后部以及躯体的背部。当裁判员命令"分开"时,拳手要后退一步,不能再击打对方。

观看拳击比赛更要讲究体育精神,观众在观看比赛时要有遵守规定、尊重别人的意识,具备平和、健康的心态,对拳手的支持要有节制,不能干扰选手情绪和扰乱赛场秩序。

拳击比赛吸引人的地方之一是拳台周围设有观众席,观众可以"零距离"地观看激烈的对抗。拳击比赛本身所具有的紧张和刺激,使观看拳击比赛的观众容易热血沸腾。观赛时,观众需要克制自己的情绪,做到加油而不鼓噪、激动而不疯狂,不要由于自己对某个运动员的喜爱变得感情用事,随口说出一些野蛮的加油词汇。要知道不文明的言论不仅影响自己的形象,还会对其他观众起到煽动作用,对整个比赛造成不良影响。

在观赛的时候,观众千万不能喝倒彩。由于拳击比赛的特殊性,喝倒彩很容易造成场上队员对立的情绪,往往会使正常的比赛变得不正常起来。

在拳手击中对手的时候,观众应该给予掌声和欢呼声,但是决不能怂恿拳手击打已经倒地的对手,更不能起哄或者向失利的一方发出嘘声或吹口哨。更要注意的是,当拳手倒地接受数秒时,往往是对拳手体力与毅力的极大考验,作为一名有素养的观众,当拳手以顽强拼搏精神站起来时,应该为之鼓掌助威,而不应该起哄、喝倒彩。

拳击比赛双方的对抗形势瞬息万变,要求拳手能在极短的时间内准确地了解对手的状况,同时还要迅速做出相应的判断并采取相应的行动。为了不干扰拳手的比赛,现场观众在拍照时是不能用闪光灯的,坐在前排的观众也不能向运动员挥舞或抛掷物品。

五、举重

(一)项目简介

现代举重运动始于18世纪的欧洲,当时英国伦敦的马戏班常有举重表演。19世纪初,英国成立举重俱乐部。举重杠铃的两端最初是金属球,重量不能调整,比赛以次数决胜负。后来意大利人阿蒂拉将金属球掏空,通过往球内添加铁或铅块来调整杠铃质量。1910年伯格将金属球改成重量不同、大小不一的金属片。1891年首届世界举重锦标赛在伦敦皮卡迪里广场举行。20世纪40年代,美国开始举办女子举重比赛,1987年举行首届世界女子举重锦标赛。早期举重比赛方式为单手举哑铃、双手举杠铃。1920年起比赛方式改为单手抓举、单手挺举、双手抓举、双手推举、双手挺举。1972年后取消推举比赛项目。参赛选手体重分级也不断变化,1947年起将5级改为6级,1951年改为7级,1972年增至9级,1976年发展到10个级别。1998年1月1日起,男子调整为8个级别,女子调整为7个级别。

举重杠铃由横杠、套筒、卡箍和杠铃片组成,横杠长2.20米,直径2.8%厘米,重20公斤。比赛按抓举、挺举的顺序进行,每场比赛运动员共有6次试举机会,抓举3次,挺举3次,试举重量由运动员自己选定,增加重量必须是2.5公斤的倍数。奥运会比赛只计算抓举和挺举总成绩,如总成绩相同则赛前体重轻者列前,如再相同,则先举起这一重量者名次列前。男、女举重分别于1896年和1996年被列为奥运会比赛项目。

(二)赛场礼仪

举重是体育比赛项目中动作相对简单却充满魅力的运动。选手们从走上赛台开始就集中全部精力,然后用强大的爆发力和惊人的力量完成整个动作。全程不过1分钟,但这1分钟对于选手来说,就意味着全部,在杠铃离地后短短几秒钟内,选手要把几十种技术动作都做到位,有一个地方出现差错便会前功尽弃,可见,举重的难度可与任何一个体育项目比肩。

作为看台上的观众,在选手上场时可以大声呐喊,为运动员加油,但从选手碰触杠铃开始,观众就要进入绝对安静的状态中,不能发出任何容易让选手分神的声音。一旦运动员受到干扰,后果会非常严重,这也是为什么举重场馆内的观众人数会有所限制的主要原因。当运动员举起杠铃并放下后,观众才能鼓掌祝贺。

第四节　体操和艺术体操项目

一、项目简介

(一)体操

体操一词源于古希腊语,意为裸体技艺,与当时裸体操练有关。体操在中国、印度、埃及、古希腊、古罗马都有着悠久的历史。现代竞技体操始于18世纪的欧洲,有德国体操和瑞典体操两大流派。

20世纪20年代,国际体操联合会将德国、瑞典两大流派结合起来,确立了现代竞技体操的项目。男子有自由体操、鞍马、吊环、跳马、双杠、单杠6个项目,女子有自由体操、高低杠、平衡木、跳马4个项目,分团体赛、个人全能赛和单项赛。

1. 自由体操

自由体操始于德国。比赛时运动员在规定的场地和时间内完成编排成套的徒手和技巧动作。1958年第十届世界体操自由体操锦标赛规定女子自由体操必须有音乐伴奏。1903年自由体操成为世界体操锦标赛比赛项目。男、女自由体操分别于1932年和1952年被列为奥运会比赛项目。

2. 鞍马

鞍马源于跳马项目,1804年德国著名体操家古茨穆特斯将木马上的马鞍换成一对铁环,后铁环被木环取代,形成现在的鞍马。鞍马为男子项目,1896 年被列为奥运会比赛项目。

3. 吊环

吊环起源于法国,其形成与杂技悬空绳索表演有关,后传入意大利和德国。1842 年德国人施皮斯制作了世界上的第一副吊环。吊环原为体操训练的辅助手段,19 世纪下半叶成为独立的男子比赛项目。吊环为木制,圆形,用钢索悬挂在高 5.80 米的立架上,两环相距 50 厘米,木环与钢索间用皮带或帆布带连接,长短可调节。1896 年吊环被列为奥运会比赛项目。

4. 跳马

跳马源于罗马帝国末期的骑术训练。初跳真马,后改为与真马外形相似的木马,并配有马鞍。1719 年将马腿改为立柱,1795 年德国人维斯首先去掉木马的马头,1811 年又去掉马尾,将两端改为圆形,马身用皮革包制。马长 1.60 米,男子跳纵马,马高 1.35 米,女子跳横马,马高 1.20 米。1836 年德国人施皮茨在学校体操节首次表演跳马,1877 年德国规定跳马必须助跑 6 步,从正侧两个方向过马和做 1~2 次支撑动作。男、女跳马分别于 1896 年和 1952 年被列为奥运会比赛项目。

5. 双杠

双杠起源于德国。1811 年德国体操家在柏林郊外的哈森海德体操场首次安装双杠这种体操器械,它由四根立柱架设两根平行的木制横杠构成,横杠长 3.50 米,两杠间距及高度可调节。双杠最初为体操训练手段,19 世纪 40 年代成为独立的比赛项目,1896 年被列为奥运会比赛项目。

6. 单杠

单杠起源于德国。18 世纪末西欧国家的杂技表演出现抓住钢丝做大回环的动作,受此启发,1811 年德国体操家在柏林郊外的哈森海德体操场用一根木杠代替杂技演出的钢丝,首次安装了世界上的第一副单杠。1812 年木杠改为铁制，后又改为钢制，杠的弹性和承受力增大。单杠杠长240厘米，直径2.8厘米，高2.55~2.75米，横杠两端分别固定在支柱上。19世纪20年代单杠成为独立的比赛项目，1896年被列为奥运会比赛项目。

7. 高低杠

高低杠始于欧洲。19世纪下半叶欧洲兴起女子体操，使用与男子相同的器械。20世纪20年代后，医学界人士认为单杠、双杠、鞍马等器械练习对身体负荷太大，女子从事这些项目会影响身体健康，因而取消了单杠、鞍马项目，并将双杠中的一杠降低，形成倾斜状，练习时手脚和身体均可触及器械，以分散负荷。高低杠横杠由玻璃钢制作，椭圆形，长2.40米，高杠高2.30米，低杠高1.50米，两杠间距可在1.10~1.40米间调整。1952年高低杠被列为奥运会比赛项目。

8. 平衡木

平衡木起源于公元前的罗马时代。18世纪末，德国体操家将其用于体操训练的辅助器材，后传入欧美国家。平衡木最初为圆形，两端及中部用支架支撑。19世纪初，德国体操家古茨穆特斯将平衡木设计成平面，置于地上。平衡木为方形木条，长5米，宽10厘米，距地面高1.20米。1845年平衡木成为女子体操项目，1952年被列为奥运会比赛项目。

（二）艺术体操

艺术体操又称韵律体操，起源于欧洲，为女子项目。20世纪初，瑞士日内瓦音乐学院教师雅克·达尔克罗兹创编的韵律体操，将身体练习与音乐结合起来，并从最初的徒手发展为使用轻器械的形式。艺术体操有团体赛、个人全能赛和个人单项赛，使用的轻器械主要有绳、圈、球、棒和带等。1962年艺术体操被国际体操联合会确定为比赛项目，1963年起举办世界艺术体操锦标赛，1984年艺术体操被列为奥运会比赛项目。

1. 绳

采用麻或合成纤维制成，可染成除金、银、铜以外的其他颜色。长短等同于运动员身高,两端有小结头,中段可缠布条或胶布。比赛由过绳跳、摆动、绕环、8字、抛接、跳跃、平衡以及各种交换绳握法等动作编排而成。

2. 球

采用橡胶或软塑料制成,可选用除金、银、铜以外的其他颜色。直径18~20厘米,重400克以上。比赛由拍球、滚动、转动、绕环、8字、抛接、跳跃、平衡以及旋转等动作编排而成。

3. 棒

采用木材或合成材料制成,可染成除金、银、铜以外的其他颜色。全长40~50厘米,重150克以上,形状如瓶,细端为颈,粗端为体,顶端为头。比赛由绕环、空中转动、抛接、摆动、跳跃、平衡以及敲击等动作编排而成。

4. 带

由棍、尼龙绳或带构成。棍采用木、竹、塑料或玻璃纤维等材料制成,带采用缎或类似材料制作,可选用除金、银、铜以外的其他颜色。带长6米,宽4~6厘米,重35克以上,棍长50~60厘米,直径不超过1厘米,一端有金属环,与绳或带相连。比赛由绕环、螺形、抛接、摆动、跳跃、平衡、转体、8字以及蛇形等动作编排而成。

5. 圈

采用木材或塑料制成,可染成或选用除金、银、铜以外的其他颜色。横断面可以是圆形、方形、椭圆形等,内径80~90厘米,重300克以上。比赛由滚动、转动、8字、绕环、抛接、旋转、钻圈以及平衡等动作编排而成。

体操和艺术体操是人们比较喜欢的体育项目,体操所体现出的运动和人体的美感往往令人陶醉。从观赛的角度来讲,观众主要欣赏男运动员强健的肌肉、动作的高难度以及力量之美,欣赏女运动员体形的优雅、动作的舒展大方以及高难度动作与音乐的组合之美。

二、赛场礼仪

体操是一项富有高度艺术性和技巧性的竞技运动项目,具有很强的欣赏性。体操项目礼仪对运动员和观众是有诸多要求的,一方面运动员应尽最大努力展现自我风采,尊重观众,尊重裁判,另一方面观众也应该懂得体操项目的观赏要求和习惯,以礼貌而热情的方式支持运动员。

(一)运动员礼仪

1. 服饰礼仪

体操运动员出场的时候,服装是随着器械的不同而变化的,之所以变化,一方面是为了上器械方便,另外也是出于对观众的尊重,因而运动员只允许穿合乎规范的体操服。对于所有的男子项目,运动员都要穿背心。鞍马、吊环、单杠和双杠这四个高器械项目要求男运动员穿长裤和袜子,以防止运动员在高器械上做大幅度动作时“走光”,长裤的颜色不能是黑色的,也不能是深蓝、深褐或深绿色。对于自由操和跳马这两个低器械项目来说,男运动员可以穿短裤和袜子,也可以赤脚,主要是为了活动方便,有利于展现运动员的飒爽英姿,但是如果穿长裤,就必须穿袜子。女运动员的体操服要合身,不能过大或过小,不能暴露太多的身体部位,髋部过高或胸部过低的体操服是被禁止的。

2. 仪容礼仪

体操比赛对运动员的精神面貌有一定的要求。运动员出场时要仪容整洁美观,精神饱满,充满自信。男运动员不能留长发和胡须,染发的颜色要适当,女运动员面部可作适度化妆,可留长发或短发,如果是梳马尾辫,不宜过长,梳好的头发要用发胶固定。

3. 比赛礼仪

在比赛过程中,运动员要始终做到文明参赛。在所有体操项目比赛前,当绿灯亮或裁判长举手后,运动员要保持立正姿势并举右臂向裁判长示意,这既是对裁判的尊重,也是提醒裁判员自己已做好准备。当运动员完成一套动作之后,也要向裁判员立正示意,表示动作完毕,然后再下场。在比赛中运动员应遵守为使比赛顺利进行而制定的规定,如在比赛进行时运动员要尊重裁判,不能与教练员、裁判员或其他队员说话,未经允许运动员不得离开场地,运动员不能在比赛中调整器械高度等。

(二)观众礼仪

其一,在比赛中,运动员完成一个比赛过程需要相对安静的环境,因此,在裁判宣布比赛开始后,观众应尽量保持安静,当运动员比赛动作结束后,观众再表达自己的情绪。值得注意的是,在体操场内,敲打乐器、大声呼叫等加油方式是与现场格调不符的,应该避免。

其二,在运动员做动作时,观众不要使用闪光灯拍照。

其三,在比赛时,裁判的主观判分对选手最终名次的确定往往起着很大作用,观众应该理解和尊重裁判员的评判。在运动员做完动作等待打分时,观众应该礼貌等待,给裁判和运动员一个安静的空间。一旦裁判打出的分数有失公正或不能达到观众的心理预期时,观众要有理智地表达自己的情绪,不可制造混乱。

第五节　游泳项目

一、游泳

(一)项目简介

现代游泳始于英国,17 世纪 60 年代流行于约克郡地区。1828 年在利物浦乔治码头修建了世界上第一个室内游泳池,1837 年成立世界上第一个游泳协会,1908 年规定游泳必须在水池内比赛。国际标准游泳池长 50 米,宽至少 21 米,深 1. 80 米以上,游泳池设 8 条泳道,每条泳道宽 2. 50 米,分道线由直径

5~10 厘米的单个浮标连接而成。比赛时运动员必须站在出发台上出发(仰泳除外),出发台高出水面 50~75 厘米,台面积为 50×50 厘米。1896 年游泳被列为奥运会竞赛项目时,不分泳姿,是真正的"自由式",只有 100 米、500 米、1200 米 3 个项目,1900 年第二届奥运会将仰泳分出,1904 年第三届奥运会又分出蛙泳。1912 年第五届奥运会时,女子游泳被列为比赛项目。1956 年第十六届奥运会又增加了蝶泳,从此定型为 4 种泳姿。此后的奥运会游泳比赛发展到共有自由泳、蛙泳、蝶泳、仰泳、混合泳和接力(自由泳与混合泳)6 大项 32 个小项,是仅次于田径运动的金牌大户。

(二)赛场礼仪

在国际性的游泳比赛赛场上,当裁判员入场时,赛场通常会伴有轻快的音乐,为了表示对裁判的尊重,观众应该跟着音乐的节奏鼓掌以示欢迎。比赛开始前,赛场的广播会向观众依次介绍每条泳道的运动员,当运动员听到自己的名字后应向在场的观众举手示意,观众也应用掌声给予回应。

比赛时,运动员要始终在自己的泳道内游泳,不能游出本泳道或以其他方式干扰、阻碍其他运动员。在比赛中运动员不能使用或穿戴任何有利于其速度、浮力的器具,也不允许陪游、带游,不允许速度诱导或采取任何能起速度诱导作用的办法。

对于观众来说,在比赛发令前,一定要保持安静,保证运动员可以清楚地听到发令声,待运动员入水后,再给予适当的鼓掌和欢呼。在比赛进程中,如果观众的加油助威声能与运动员肢体的摆动频率结合在一起,则会起到很好的加油效果。

对于仰泳选手来说,最怕的可能就是热情观众手里的闪光灯了。强烈的闪光会刺激选手,从而对比赛造成莫大的干扰。所以,观众不要用闪光灯来照相。

游泳馆是禁止吸烟的。因为在场馆内吸烟,烟气会融入水中,运动员吸进身体,会严重影响比赛。另外,游泳比赛场馆里气温高、湿度大,观众可以穿得清爽些,但不能赤膊观赛。

如果比赛在公开水域进行，观众要在岸边观赛，不要下水。运动员快到岸时，观众不要向前围观，以免发生危险。

二、花样游泳

（一）项目简介

花样游泳是女子项目，于 20 世纪 20 年代起源于德国、英国等欧洲国家，原为游泳比赛间歇时的水中表演项目，由游泳、技巧、舞蹈和音乐编排而成，有“水中芭蕾”之称。1920 年柯蒂斯将跳水和体操的翻滚动作编排成套在水中表演，创立了花样游泳。1934 年在美国芝加哥万国博览会上首次举行花样游泳表演。1937 年考斯特成立世界上第一家花样游泳俱乐部。1942 年美国业余体育联合会确认花样游泳为正式比赛项目。1952 年花样游泳被列为奥运会表演项目。1956 年花样游泳得到国际游泳联合会承认。1973 年举行首届世界花样游泳锦标赛。1984 年花样游泳成为奥运会正式比赛项目，有单人和双人两项，1996 年改为团体赛。花样游泳在面积至少 12 米×12 米，水深 3 米的池内进行，运动员可以在陆上开始，但必须在水中结束。比赛分规定动作和自选动作，自选动作有音乐伴奏，各动作均有难度系数。

（二）赛场礼仪

花样游泳和游泳、跳水一样也是在游泳池中进行比赛的项目，和其他游泳项目相比，花样游泳的观赏性更强。运动员在水面上展示的美妙姿势，编排精美、整齐划一的动作以及运动员在水中表现出的柔韧性、持久的耐力和对身体的控制能力，配之以动听的音乐，无不给人以美的享受。观看花样游泳比赛，如同欣赏“出水芙蓉”，应该是一件赏心悦目的事情，观众千万别让自己不文明的举止破坏这美妙和谐的赛场气氛。和其他激烈的对抗比赛性质不同，看花样游泳比赛用不着高声叫好喝彩，对运动员精彩的表现用掌声表示赞赏即可。同时，欣赏这样高雅的赛事，观众最好衣着整齐，别因为游泳馆里温度高而衣冠不整。

三、跳水

(一)项目简介

跳水的起源很早,在国外出土的公元前500年的文物上就绘有人头朝下作跳水姿势的陶瓶,表明那时跳水运动已经出现。

跳水成绩的高低最初取决于跳水高度,20世纪以后发展成以技术动作的难度和美观程度来衡量水平的高低。1900年瑞典运动员在第二届奥运会上表演了跳水,1904年男子跳水出现在美国圣路易奥运会上,1912年瑞典斯德哥尔摩奥运会开始有女子跳水项目。

根据起跳动作的方向和结构,跳水分为向前、向后、向内、反身、转体5组,每组均有规定动作和自选动作,每个动作又有不同的难度系数。根据跳水空中姿势,可以分为A(直体)、B(屈体)、C(抱膝)、D(翻腾兼转体)4种。跳水有跳台跳水和跳板跳水之分。

1. 跳台跳水

跳台跳水在坚硬无弹性的平台上进行。跳台距水面高度分为5米、7.5米和10米3种。奥运会、世界锦标赛、世界杯赛限用10米跳台。跳台跳水根据起跳方向和动作结构分向前、向后、向内、反身、转体和臂立6组。比赛时,男子要完成4个有难度系数限制的自选动作和6个无难度系数限制的自选动作,女子要完成4个有难度系数限制的自选动作和4个无难度系数限制的自选动作。男、女跳台跳水分别于1904年和1912年被列为奥运会比赛项目。

2. 跳板跳水

跳板跳水在一端固定,另一端有弹性的板上进行。跳板离水面的高度有1米和3米两种。跳板跳水根据起跳方向和动作结构分向前、向后、向内、反身和转体5组。比赛时,男子要完成5个有难度系数限制的自选动作和6个无难度系数限制的自选动作,女子要完成5个有难度系数限制的自选动作和5个无难度系数限制的自选动作。男、女跳板跳水分别于 1908 年和 1920 年被列为奥运会比赛项目。

（二）赛场礼仪

跳水是一秒钟的艺术，在从起跳到入水这短短的时间里，运动员要完成翻腾、转体、屈体、抱膝等多个高难度动作，稍有闪失或者入水动作不够完美都会影响成绩，而对于双人跳水来说，两个队员的同步和动作的协调一致是决定成败的关键。

观众在观看跳水比赛时，可以从四个阶段来欣赏运动员的竞技：第一阶段是走向起跳点，要求运动员走动自然、平稳，充满自信。第二阶段是起跳，要求运动员起跳果断、准确、有力。起跳时，恰当的角度非常重要。一般来说跳得愈高愈好，以便有更多时间和空间做动作。第三阶段是空中动作，要求翻腾、转体等动作准确轻快，连接好，熟练而优美。第四阶段是入水，要求入水准确，身体舒展与水面垂直，水花愈小愈好。

当运动员开始走上跳台或跳板时，表示比赛即将开始，运动员必须将全部精力集中在要完成的动作上，所以观众在这时要静静地观看，不要鼓掌，不要欢呼，更不要喊运动员的名字来为之加油，因为馆内回音比较大，嘈杂的环境会分散运动员的注意力。另外，在跳水这短短的十几秒钟内，观众最好不要拍照，如拍照一定不要使用闪光灯，因为在运动员腾空或跃起的时候，闪烁的灯光会影响运动员对高度的判断，有可能造成比赛失误。当运动员入水以后，水花溅落，观众就可以尽情地鼓掌喝彩。需要注意的是，观众不仅要为本国的运动员鼓掌，对于有精彩表现的别国运动员也应该表示真诚的赞美。由于游泳馆内的温度较高，如果冬季到游泳馆观看比赛应备用凉爽的衣物，并且注意厚重衣物的存放，夏季看比赛要注意穿戴不可太随意，避免赤身观赛。

四、水球

(一)项目简介

水球起源于19世纪60年代的英国,最初是人们游泳时在水中传掷足球的一种娱乐活动,故有“水上足球”之称,后逐渐形成两队之间的竞技运动。1869年英国出现用小旗标定边线和球门的水球比赛,1877年英格兰伯顿俱乐部聘请威尔森制定世界上第一部水球竞赛规则,1885年英国游泳协会将水球列为单独比赛项目。1890年水球首先传入美国,后又逐渐在德国、奥地利、匈牙利等国家广泛开展。1973年起举办世界水球锦标赛,1979年开始举办世界杯水球赛。

男女水球比赛场地是有所区别的。男子水球场长30米、宽20米,女子水球场长25米、宽17米。水球场水深至少1.80米,两端各有一个高90厘米、宽3米的球门。比赛分两队进行,每队由7名运动员组成,其中1名为守门员。每场比赛为28分钟,分四节,每节实际比赛时间为7分钟,每两节之间休息2分钟并交换场地。除守门员外,其他任何队员不得用双手触球。射入对方球门得1分,以最后得分多者为胜。

(二)赛场礼仪

水球运动是体育项目中最累人的项目之一。比赛时运动员不得接触游泳池底和边,拿球、抢球、踢球、摔抱以及拉拽等动作基本都在水下进行,每名运动员一场比赛完后平均至少要游5公里的距离。所以水球运动不仅要求运动员要有游泳冠军的技巧和耐力,还要具备不亚于足球运动员的传接球和射门功夫,甚至还需要橄榄球运动员的力量。水球运动对运动员的行为也有特殊要求,如在比赛过程中运动员不能抱持、压沉、拖拉对方未持球的队员;不能踢、打对方队员;不能故意向对方脸上泼水等。

观看水球比赛,观众首先应该对手球运动的基本规则有所了解,才能在观赛时避免一些不适当的举止或言行。比如在比赛中,当进攻一方球员控球在手时,防守一方为了抢球可以将其按压入水,知道了这条规则,在防守方出现类似动作时，观众就不必惊呼“犯规”了。

赛场上，水球比赛的激烈程度丝毫不逊色于绿茵场上的足球比赛。对于比赛中出现的一些不和谐的现象，观众应该冷静对待，不要跟着起哄制造事端。此外，水球比赛的游泳馆通常比较热，观众要备好凉爽的衣物，不要衣冠不整，也不要当“膀爷”。

第六节 水上项目

一、赛艇和皮划艇

（一）项目简介

赛艇起源于英国。1715 年，英国为庆祝英王加冕，首次举行赛艇比赛，1775 年英国制定赛艇竞赛规则，同年建立赛艇俱乐部。1846 年英国人在艇舷上安装了桨架，加长了桨的长度，提高了划桨效果，1847 年英国人又将重叠板的外龙骨艇改装成平滑的内龙骨艇，提高了赛艇的速度。1857 年美国人巴布科克发明滑座（一说是 1865 年比利时运动员发明），运动员划桨时能前后移动，增加腿部力量，1882 年俄国人将封闭式桨栓改为活动式桨环，提高了划桨幅度。

赛艇类似织布梭子，两头尖而窄长。艇、桨、桨架的制作材料、形状、大小，原则上没有限制，通常用铝合金或玻璃钢等材料制成。艇内装有带滑轮的座板，可在两条轨道上滑动，划动时，运动员两腿蹬两臂拉。赛艇按乘坐人数、体重、有无舵手以及使用单桨还是双桨划分项目。舵手的最轻重量为男子 55 公斤，女子 50 公斤，当体重不足时，应增加相应的加重物，放在离舵手最近的地方。男子有单人双桨、双人双桨、轻量级双人双桨、双人单桨无舵手、双人单桨有舵手、四人双桨、四人单桨无舵手、轻量级四人单桨无舵手、四人单桨有舵手、八人单桨有舵手 10 个项目，女子有单人双桨、双人双桨、轻量级双人双桨、双人单桨无舵手、四人双桨有舵手、四人单桨有舵手、八人单桨有舵手 7 个项目。比赛距离男子为 2000 米，女子为 1000 米。每条航道长 2200 米，宽 12.5～15.0 米，一般设置 6 条航道，最多为 8 条航道，运动员必须在自己的航道内完成赛程，以艇首到达终点的先后顺序判定名次。男子赛艇于 1896 年被列为首届奥运会比赛项目，因浪大未举行，1900 年再度列入。女子赛艇于 1976 年被列入奥运会比赛项目。

皮划艇起源于原始人类渔猎和运输的生产实践活动。近代皮划艇与 16 世纪人们的探险和漫游欧洲北部海域有关。皮划艇有静水项目和激流项目之分，分皮艇和划艇两种。在天然或人工湖面进行的比赛，称静水项目，水面宽 90 米以上，长 2200 米，设 9 条航道，道宽 5～9 米。在水流湍急的河道进行的比赛，称激流项目。1936 年皮划艇被列为奥运会比赛项目，1938 年举行首届皮划艇锦标赛。

1. 皮艇

皮艇起源于北美洲格陵兰岛上爱斯基摩人用动物皮包在木架子上制作的兽皮船。1865 年苏格兰人麦克格雷戈仿兽皮船制作了一条长 4 米、宽 75 厘米、重 30 公斤的“诺布·诺依”号皮艇，驾艇穿越了瑞典、芬兰、德国、英国。19 世纪 90 年代皮艇在欧洲得到广泛开展。

皮艇有舵，比赛时，运动员坐在艇内，面向前方，手持两头带桨叶的桨在艇的两侧轮流划动，依靠脚操纵舵控制航向。皮艇有单人艇、双人艇、四人艇和障碍回转项目。

2. 划艇

划艇起源于加拿大。北阿拉斯加以渔猎为生的印第安人将树干掏空，坐在里面用木棍划行，故又称独木舟。划艇两头尖，艇身短，无桨架，无舵。划桨时前腿成弓步立，后腿半跪，手持一头带有铲状桨叶的桨在固定的舷侧划水，并控制方向。划艇有单人、双人、障碍回转项目。

（二）赛场礼仪

赛艇类比赛需要宽阔的水域，比赛场地都选在室外，观众只能在水面的两岸为运动员加油助威。赛艇比赛的关键在于节奏的掌控,所以观众最好能找准运动员的划桨节奏进行助威加油。由于比赛场地比较空旷,观众可以借助乐器或者其他的辅助工具如锣鼓等为运动员加油。

与其他比赛项目不同,在多数情况下,因为赛程的关系,观众有时是看不到运动员的,运动员也可能听不到观众的掌声和喝彩,所以赛艇类运动员和观众往往会感到很"寂寞"。这个时候,运动员要为自己、为自己的队伍而努力比赛,无论有没有观众都要一样。观众也要能自得其乐,可以把看赛艇比赛当作是一次郊游,一次户外的狂欢。在看不到运动员的时候,观众可以和邻座的人聊聊天,猜测一下比赛形势,哪怕只是坐在那里什么也不干,呼吸一下潮湿的空气,晒晒太阳,珍惜和大自然密切接触的机会也很好。当然,当运动员划着艇过来的时候,观众就可以尽情地为他们加油。另外,比赛水域是不允许其他人下水的,观众在观看比赛时不要下水游泳。

二、帆船

(一)项目简介

现代帆船始于荷兰。1870 年美国和英国首次举行横渡大西洋的美洲杯帆船赛。帆船种类繁多,而且不断发展创新,国际帆联将各种运动帆船划分为稳向板型、龙骨型和多体型三种类型。稳向板型帆船在船体中部有个突出的槽安放稳向板,稳向板根据需要可上下移动,减少船体横移。此类帆船轻而快,设备较简单,易于开展活动,奥运会项目中的飞行荷兰人型、荷兰人型、470 型、星型、托纳多型等均属此类,是世界最普及的帆船。龙骨型帆船包括 5.5~22 米长短不等的船型,其水下稳向部分是固定的,与船体为一体,船体中下部突出一块铁砣或铅跎,用以稳定船体,减少船体横移,铅跎大小和船体大小和帆面积相关,有 1~1.8 米长,固定在船体中央。此类帆船最少由 2~3 人操纵,最多有十几人或更多人操纵。多体型帆船船体由两个船身连接在一起组成,也称双体船。

帆船比赛在海面进行,场地由 3 个浮标构成等边三角形,每段航道长度为

2~2.5海里。比赛为绕标航行,共进行7场,取其中成绩最好的6场之和评定总分,总分少者名次列前。由于帆船竞赛是在自然条件下进行的,直接受气象水文条件的影响,所规定的竞赛轮次可能完不成,因而帆船比赛没有绝对的纪录,只有最好成绩。1896年帆船被列为首届奥运会比赛项目,因天气不好未举行,1900年再次被列为奥运会比赛项目。

(二)赛场礼仪

帆船运动是一项充满活力的运动,需要风、水、人、船四者完美结合,所以观看帆船比赛,首先欣赏的是人、船与自然的配合情况。其次,驾帆船出海是项需要消耗大量体力的运动,它对船员在艰苦环境中的耐受力要求很高,因此,运动员耐力和意志品质的表现也是观看帆船比赛的一个重要方面。

由于帆船比赛受项目特点所限一般离岸较远,观众在岸上很难看到比赛中的细节,所以不妨把到现场看比赛当作一次海滨假日之旅:在蔚蓝的大海上,林立的桅帆在阳光的映照下,会让眼前的风景更加生动,而运动员驭风破浪的矫健身姿也会给人运动之美的愉悦享受。观众们可以很放松地在岸边看比赛,肉眼看不到的细节往往也可以通过场边的大屏幕来弥补。观看比赛时,还可以带上国旗,当队员靠近时可以放声呐喊为他们助威。在一些比赛中,比赛场地设置会尽量靠近岸边,灵巧的帆板有时还会安排岸边出发,岸边冲终点,那时千帆竞发的场面将是比赛不容错过的看点。

第七节　全能项目

一、现代五项

(一)项目简介

现代五项由现代奥林匹克运动奠基人顾拜旦倡导。项目设计模仿拿破仑时代信使穿越战场所经历的活动:先骑马穿越村庄,游过一条挡住去路的河,上岸后又使用剑和手枪与遭遇的敌人搏斗，最后跑过田野完成任务。1911 年国际奥委会瑞典委员巴尔克建议设立符合军队特点的比赛项目，故在 1912 年将现代五项作为唯一的军事项目列入奥运会比赛，但仅限军队中的军官参加，1949 年国际奥委会取消这一限制。现代五项比赛包括击剑、游泳、射击、越野跑和马术五个项目。

击剑：使用重剑，采用单循环赛，每场比赛在 1 分钟内结束，一剑定胜负，如在规定时间内未决出胜负，则判双方均负。游泳：距离为 200 米自由泳。射击：使用 4.5 毫米口径手枪，距离 10 米，射 20 发子弹，每 5 发为一组，以环数计算得分。越野跑：距离为 3000 米。马术：在 250～450 米的规定路线上越过 12 道按顺序设置的障碍。

奥运会的现代五项比赛分个人和团体两类。个人赛是以单项得分的总和计算个人成绩，得分多者名次列前，男女个人赛分别于 1912 年和 2000 年被列为奥运会比赛项项目；团体赛以各队 4 名成绩最好的运动员计算团体总分，总分多者名次列前，男子团体赛于 1952 年被列为奥运会比赛项目。

（二）赛场礼仪

正像现代奥林匹克运动创始人顾拜旦所期望的那样，现代五项可以说是奥运会中最“男子汉”的运动，也是最艰苦的项目之一。运动员要连续完成五个单个项目，是对他们体能、技术以及意志的严峻考验。

从礼仪角度来看，现代五项比赛礼仪对运动员的要求与单项比赛的要求基本相同；对于观众而言，则必须了解这一项目的总体情况以及各个项目的基本要求，才能更好地欣赏比赛。

现代五项由五个比赛项目组成，参赛运动员在每个项目中的不同成绩获得不同积分，前四项的积分多少决定最后项目即 3000 米越野跑比赛的起跑顺序，积分领先的运动员第一个起跑，积分排位其后的运动员依次起跑，运动员之间的积分差距决定了他们起跑时间的间隔。最后，率先到达终点的运动员就是整个比赛的冠军。

由于构成这一赛事的诸多项目性质的不同，比赛需要在不同的场地或场馆举行，因此观众要做好观看比赛的准备：可以准备一些简单的交通工具，便于在各个场馆之间往来，这样有助于更好地观赏比赛全程；如果对其中一些项目格外青睐，也可以选择一两样赛事重点观赏，这样可以避免自己在奔波中过于疲劳；由于有一些户外项目，观众要考虑天气因素，注意防雨、防晒等。

现代五项是一个综合项目，观众必须对五个单项的规则及观赛礼仪都有所了解才能更好地观看比赛。比如，在观看射击比赛时，在选手准备射击时，全场必须十分安静，否则会严重影响选手的发挥；观看马术比赛时，首先要了解这是一项传统的贵族运动，有很多礼仪，如选手入场后要敬礼致意，此时观众也必须向选手致意，不然会显得很没有礼貌；在观看越野赛时，对运动员要热情地鼓劲加油，但是不要进入赛道，不要向运动员递水递食物，不要做出妨碍运动员比赛的不适当的举动等。

现代五项比的是运动员的综合实力，很多运动员可能在自己比较擅长的项目中能取得好成绩，而在其他项目上落后，在这种时刻，不仅运动员自己需要努力拼搏，观众更应该为他们加油鼓劲。另外，整个现代五项的赛程会消耗运动员大量的体力和精力，为了取得好成绩，运动员都付出了很大心血。所以，无论比赛选手最后取得怎样的成绩，观众都应该给予他们掌声和鼓励。

二、铁人三项

（一）项目简介

铁人三项起源于美国，1974 年 2 月 17 日，一群体育爱好者聚集在夏威夷的一家酒吧里争论当地举办的渡海游泳赛、环岛自行车赛及檀香山马拉松赛哪个项目最有刺激性、挑战性、最能考验人的意志和体能。美国海军中校科林斯提出，谁能在一天内先在海里游 3.8 公里，然后骑自行车环岛骑行 180 公里，再跑完 42.195 公里的马拉松全程，中途不得停留，谁就是真正的铁人，科林斯的想法得到大家的支持。第二天，有 15 人参加比赛，其中还有 1 位女选手，结果有

14 人赛完全程。第一名的成绩是 11 小时 46 分，该次比赛后被追认为首届世界铁人三项锦标赛。铁人三项最初仅在夏威夷和加利福尼亚流行，后逐渐在澳大利亚、新西兰、西班牙、法国、英国、日本、中国等国家广泛开展。铁人三项有三种不同距离的比赛。夏威夷铁人三项锦标赛：游泳 3.8 公里，自行车 180 公里，马拉松 42.195 公里。尼斯世界铁人三项锦标赛：游泳 3.04 公里，自行车 120 公里，长跑 29.44 公里。世界铁人三项锦标赛：游泳 1.5 公里，自行车 40 公里，长跑 10 公里，这也是铁人三项比赛的标准距离，按游泳、自行车、长跑的顺序进行。2000 年悉尼奥运会首次将铁人三项列为奥运会比赛项目，比赛由 1.5 公里游泳、40 公里自行车和 10 公里的长跑组成。

（二）赛场礼仪

铁人三项赛和其他运动项目相比，比赛场地比较开放，活动范围广泛，运动员和观众基本都是在室外比赛和观看的。铁人三项是一项考验运动员体力和意志的运动，运动员要以良好的作风完成以下比赛：

1. 游泳

游泳是铁人三项赛中的第一项，运动员可以用自己喜欢的任何姿势游泳。游泳赛段必须戴游泳帽，允许使用泳镜和鼻夹，但不允许使用帮助游泳的器材，运动员在换项区域内不能阻止其他的运动员，或者侵占他人的竞赛设备。

2. 自行车

从水里上岸后，运动员要马上转入自行车的赛程。运动员的自行车必须存放在大会指定的区域里。在自行车赛段中，整个赛程必须骑自行车完成。如果车胎出了问题，运动员可以带车跑到换胎站换胎。

3. 长跑

长跑是最后一个赛段。运动员在长跑赛段中必须穿鞋（自行车赛段中不是必需的）和运动服。由于体力消耗大多过半，这一赛段对运动员来说是极其艰苦的。

在铁人三项比赛期间,往往有成千上万人现场围观。对于观众来说,在观看比赛时最重要的自我要求就是不要和运动员发生接触,如在比赛中,观众绝对不可以给运动员递水,如果发生这种情况,运动员将被取消比赛资格,运动员需要水时会到组委会准备的饮水点去取。另外,在观看游泳项目时,观众不要到运动员比赛的水中去游泳;在自行车比赛中,观众不要横穿赛道;如果观众想要观看全程比赛,需要准备好交通工具,但一定要确保交通工具不能进入赛道。在比赛中,运动员从游泳到自行车或者从自行车换到长跑的地方是换项区域,运动员在换项区域所用的时间往往至关重要,所以在换项区域的观众要规范自己的言行,不要干扰运动员换项。

第八节 冰雪项目

一、滑雪

(一)项目简介

滑雪起源于北欧,距今已有5000余年的历史。1733年,挪威人阿马霍尔森出版了世界上第一部《滑雪指南》,1924年,滑雪被列为首届冬奥会比赛项目。滑雪有越野滑雪、跳台滑雪、北欧两项滑雪、高山滑雪、自由式滑雪和滑板滑雪六个比赛项目。

越野滑雪起源于北欧,又称北欧滑雪,比赛路线分上坡、下坡、平地三部分,各占全程的三分之一。男子比赛项目有10公里、15公里、30公里、50公里越野滑雪和4×10公里接力滑雪,女子项目有5公里、10公里、15公里、30公里越野滑雪和4×5公里接力滑雪。

跳台滑雪起源于挪威,又称跳雪,跳台由助滑坡、着陆坡、停止区组成。比赛有男子90米级、120米级和团体3个项目。

高山滑雪起源于北欧的阿尔卑斯地区,又称阿尔卑斯滑雪。比赛时运动员手持滑雪杖,脚踏滑雪板从高坡快速回转、降下。不同项目起点与终点的垂直高度差有所不同,比赛项目有男女全能、速降、回转、大回转和超大回转。

自由式滑雪始于20世纪60年代,在高山滑雪基础上发展而成。比赛项目有男女空中技巧,男女雪上技巧和男女雪上芭蕾。

滑板滑雪源于20世纪60年代中期的美国,其产生与冲浪运动有关。比赛项目有男女大回转和滑道技巧。

（二）赛场礼仪

滑雪是一项惊心动魄的体育运动,它既是人对自然的挑战,也是人与自然的和谐共处。在冰天雪地的银色世界里,运动员借助雪橇与滑板做着各种优美的动作,本身就是一种艺术,具有很强的观赏性。由于滑雪是运动员借助器械在雪地上高速滑行,具有某种程度的不可控制性,为了倡导安全,防止事故发生,运动员与观众一定要遵守赛场规则和礼仪。

其一,运动员要为他人着想。运动员滑雪时心中要有他人,不要把滑雪道上的任何一个滑雪者置于危险或是损伤的境地。

其二,运动员要控制速度和动作。运动员必须使自己的速度和动作与自身的能力相称,也要与当时的天气条件,地形状况和雪质相适应。

其三,运动员要选择正确线路。运动员如果正从后面接近其他滑雪者,必须另外选择一条滑行线路,以免危及前面滑雪者的安全。

其四,运动员超越他人要适当。运动员可能在山上侧或是山下侧,也可能在左侧或是右侧超过另外一个滑雪者,但是必须为被超运动员的滑行留下足够的空间,前面的滑雪者通常拥有使用滑雪道的优先权。

其五,观众观看滑雪比赛要充分享受比赛的全过程,为运动员出众的技巧、如风的速度、挑战自然的毅力和勇气喝彩。

其六,观众在看比赛时不要冲出围栏或者警戒线,不要往赛道上丢任何物品,以免发生危险或者影响运动员比赛。

其七,观众最好做好保暖措施,尤其是脚部的保暖。情况允许的话,最好要戴上墨色眼镜。

其八，观众要保护环境，废弃物一定要随身带走，不给美丽的雪峰留下污迹。

二、滑冰

（一）项目简介

滑冰起源于荷兰，11 至 12 世纪，在荷兰、英国、瑞士以及斯堪的纳维亚一些国家就有脚绑兽骨，手持带尖木棍支撑冰面向前滑行的记载。从 19 世纪开始，滑冰运动迅速在西欧、北欧、北美等国家兴起。滑冰运动于 1924 年被列为首届冬奥会比赛项目，分速度滑冰、短道速滑和花样滑冰。

速度滑冰：比赛在周长 400 米的跑道上进行，跑道由两条直线和两条 180 度的弧线连接而成，分内、外两道，道宽 5 米。内跑道的内圈半径为 25 米，外跑道的内圈半径为 30 米。比赛时每组 2 人，同时滑跑，每滑一圈交换一次内、外道。现比赛项目有男子 500 米、1000 米、1500 米、5000 米和 10000 米速度滑冰，女子 500 米、1000 米、1500 米、3000 米和 5000 米速度滑冰。

短道速滑：比赛在室内冰球场上进行，场地面积为 30 米×60 米，跑道每圈长 111.12 米。比赛采用分组预、次、复、决赛的淘汰制，抽签决定道次。比赛出发时，多名运动员在一条起跑线上同时起跑，滑行途中可以随时超越对手。现比赛项目有男子 500 米、1000 米、5000 米接力，女子 500 米、1000 米、3000 米接力。

花样滑冰：比赛在长 56～61 米、宽 26～30 米的冰场上进行，冰的厚度不少于 3～5 厘米。现有男单人滑、女单人滑、男女双人滑和冰上舞蹈 4 个比赛项目。

（二）赛场礼仪

滑冰是技巧性与艺术性高度结合的冰上运动项目，具有灵动与优雅之美。然而，这种冰上之美在很大程度上是建立在运动员和观众良好的礼仪规范基础上的，否则，冰场上不但没有美感，还会失去秩序或发生事故。

对于速度滑冰来说，运动员要时刻有尊重他人的意识，不能用身体任何部位阻挡或推撞他人。在超越他人时,必须保证被超越者正常滑行,不能发生阻碍或碰撞。在减速时,不能造成其他运动员减速或发生碰撞。运动员不得有意影响他人(如不正常地横穿跑道),也不得与其他运动员串通影响比赛的真实成绩。花样滑冰是唯一有音乐伴奏的冬季体育项目,运动员要用想象力、艺术表现力以及运动技术来展示冰上运动的美。所以在比赛时,花样滑冰运动员要穿着得体,肢体动作舒展大方而不能低俗。

滑冰比赛是人们喜欢观看的体育项目,特别是花样滑冰赛往往能吸引大量观众。观众在欣赏时要积极配合运动员的表现,以共同营造和谐温馨的赛场氛围。

其一,最好提前入场。花样滑冰与很多其他体育比赛项目一样,要求观众在赛前或比赛间隙时入场。一般来说,如果时间允许,观众最好提前进入观众席,如果观众要在比赛中入场,则要等待场上的选手结束比赛后再入场。

其二,不要随便走动。观众不要在比赛的过程中随意走动,以免影响冰上选手的发挥。观众可以在冰场浇冰时或在选手比赛前作热身练习时起身活动。

其三,禁用闪光灯。在观看冰上比赛项目时,观众绝对不能使用闪光灯照相。冰上项目的场地一般都较小,运动员和观众相距也较近,如果观众在运动员比赛时打开闪光灯拍照,会很容易闪到运动员的眼睛而影响运动员的发挥,甚至导致动作失误,对比赛造成干扰和破坏。如在花样滑冰比赛中,运动员经常会做一些高难度的动作,比如双人滑中的抛接等动作,如果选手正在做这些难度动作时被看台上的闪光灯晃了眼,就很有可能发生危险。

其四,适时喝彩。观看短道速滑比赛,当裁判员召集运动员在起跑线上准备出发时,观众应保持安静,因为短道速滑的出发非常重要,运动员此时精神高度紧张,场上噪声会影响他们对发令枪的反应。在起跑线附近就座的观众除了不要出声外,也不要站起身来,以免影响裁判的视线和计时。在比赛过程中,运动员可能会摔倒,这时候观众表示关注是可以的,但千万不要鼓倒掌。如果摔倒的运动员迅速站起来继续比赛,观众则要给以掌声鼓励。在花样滑冰比赛中,选手的表现若臻于完美,观众可以起立鼓掌欢呼,但喇叭、锣鼓之类的狂躁是不适宜出现在优雅的花滑赛场上的。

其五,慎投小礼物。在一位选手比赛结束后,喜爱该选手的观众向场内抛掷小礼物是花样滑冰比赛的惯例,也成了一种习俗。毛绒玩具由于轻便、柔软,不损伤冰面,又童趣可爱,往往成为首选小礼物。无论是鲜花还是毛绒玩具,在抛掷前都应经过严密的包装,否则散落在冰面上的花瓣和绒毛会给下一位比赛的选手带来不可预见的危险。另外,观众要到场边近距离抛掷小礼物,或由工作人员转交选手,不要在观众席上远抛。值得注意的是,在比赛过程中,观众不要向冰面上扔掷任何东西。

三、冰球

(一)项目简介

冰球又称冰上曲棍球。19 世纪中叶,加拿大安大略省的金斯顿地区流行脚穿冰鞋,手持曲棍,在冰面上追、运、击打圆球的游戏,这种游戏后来发展成冰球运动。

1855 年 12 月 25 日在金斯顿举行首次冰球比赛,1879 年加拿大麦克吉尔大学的罗伯逊和史密斯共同制定了比赛规则,规定每队比赛人数为 9 人。1890 年加拿大成立安大略冰球协会,这是世界上第一个冰球协会组织,1902 年欧洲第一个冰球俱乐部在瑞士的莱萨旺成立。1910 年举行第一届欧洲冰球锦标赛。1912 年加拿大国家冰球协会首创六人制打法,并被国际冰联沿用至今。

冰球场长 61 米,宽 30 米,四周有高 1.15~1.22 米的界墙,球门高 1.22 米,宽 1.83 米。冰球分两队比赛,每队可报 20 名运动员,比赛时上场 6 名队员。全场比赛为 60 分钟,分 3 局进行,中间休息 15 分钟,以进球数多者为胜。

女子冰球始于 19 世纪 60 年代。1990 年起举行世界女子冰球锦标赛。男子冰球于 1920 年被列为奥运会比赛项目,后将该届奥运会冰球赛追认为首届世界冰球锦标赛。女子冰球于 1998 年被列为冬奥会比赛项目。

(二)赛场礼仪

冰球运动是一项激动人心的运动项目。运动员在攻防战术转换上要求推进速度快,回防积极、迅速。由于运动员在争夺、推进、防守、冲刺的整体运动过程中允许合理的身体碰撞,使得这一比赛项目的现场气氛相当激烈。不过在频繁的身体碰撞中,运动员不能举杆过肩或用球杆戳打他人。

在比赛中,冰球选手穿着厚实而笨重,他们除了一次又一次的身体激烈碰撞外,还经常在冰场上"打架"。"打架"是冰球的一部分,观众也喜欢看。但选手们"打架"时必须放下手中的器具,赤手格斗,此时裁判员会把球杆、帽子、手套等踢开,给队员创造良好的"打架"环境。

观看冰球比赛,一定要掌握一个原则:透过现象看本质。选手们在赛场上冲撞或"打架"固然激烈精彩,但观众从中欣赏的应该是队员们风一样的速度以及突破障碍的智慧和勇气。

冰球是一项充满激情的运动,观众在观赛时并没有太多禁忌,但还是需要注意一些细节。比如拍照绝不能用闪光灯,因为在冰球场地上,闪光灯更容易晃到运动员的眼睛。冰球比赛中打架频繁,观众在运动员打架时不要喝倒彩,不要煽动队员情绪,不然会使场上的局面更难以控制。另外,冰球击中观众的事情偶有发生,所以观赛时还要注意安全。

第九节　其他项目

一、自行车

(一)项目简介

自行车起源于欧洲。1868 年 5 月 31 日,在法国圣克劳德公园举行了自行车比赛,这是有记载的最早的自行车比赛,1893 年举行首届世界业余自行车锦标赛,1895 年举行首届世界职业自行车锦标赛。1896 年自行车比赛被列入奥运会比赛项目。奥运会自行车比赛分场地赛、公路赛和越野赛三大类。

1. 场地赛

比赛在赛车场进行。赛车场为椭圆盆形，跑道用硬木、水泥或沥青筑造，跑道周长分400米、250米和333.33米几种，其中333.33米为国际标准场地，跑道宽5~9米，弯道坡度25~45度。比赛所用自行车应为死飞轮，不得安装变速装置和车闸。奥运会比赛项目有追逐赛、计时赛、计分赛和争先赛。

追逐赛分个人和团体项目。个人追逐赛出发时，两名运动员分别位于跑道正中的起、终点线上，枪响同时出发，互相追逐。在规定的距离内，如后面的运动员追上前面的运动员或与之并排，被追上或并排者淘汰，未被追上，则以到达终点的时间决定胜负，获胜者参加下一轮比赛。团体追逐赛每队4名运动员参加，比赛时，运动员之间保持1米左右的距离，呈梯形队站立，枪响同时出发。如一队的第三名运动员追上另一队的第三名运动员或与之并排，被追上或并列的队淘汰，如未追上，则以各队第三名运动员到达终点的成绩判定名次，每队必须有3名运动员到达终点方可计算成绩。现奥运会比赛项目有男子4000米个人追逐赛（1964年列入）、4000米团体追逐赛（1920年列入），女子3000米个人追逐赛（1992年列入）。

计时赛于1889年由彼德莱设计，以运动员到达终点的时间排列名次。比赛时运动员在同一起点单个原地出发，抽签决定出发顺序。出发犯规延后5人重新出发，再次犯规取消比赛资格。以每名运动员到达终点的成绩判定名次，优者列前，如成绩相等，则名次并列。奥运会仅设男子1000米计时赛（1928年列入）。

计分赛又称积分赛，比赛前先抽签排列顺序，指定一名领骑者。比赛时由领骑者领骑一圈，到达起点线时，发令员鸣枪，比赛正式开始，每十圈录取前四名计分，第一名得5分，第二名得3分，第三名得2分，第四名得1分，最后冲刺计分加倍，以运动员比赛中的总得分排列名次。奥运会仅设男子40公里个人计分赛（1984年列入），女子40公里个人计分赛（1996年列A）。

争先赛又称速度赛。一般排定 2~4 名运动员同时原地出发,计最后 200 米的时间,首先通过终点者为胜。男、女 1000 米争先赛分别于 1920 年和 1992 年被列为奥运会比赛项目。

2. 公路赛

比赛在有各种地形变化的公路上举行。奥运会设有公路个人赛和公路团体赛。

公路个人赛的场地为环行或往返路线,路面有起伏和斜坡,起、终点应尽可能设在同一地点。男子赛程 234 公里,女子为 126 公里。比赛时所有运动员位于起点线集体出发,以运动员到达终点的顺序排列名次。男、女个人赛分别于 1896 年和 1984 年被列为奥运会比赛项目。

公路团体赛的场地比较平坦,途中设转折点,起、终点在同一地点。每队 4 人,在起点线成横排出发,队与队之间的出发间隔为 2~3 分钟,每队必须有 3 名运动员到达终点,并以第三名运动员到达终点的成绩判定名次,如成绩相等,则以该队第一名到达终点的成绩判定名次。奥运会仅设男子团体赛(1912 年列入)。

1. 越野赛

20 世纪 50 年代,一些自行车运动员厌倦了在现代化公路上枯燥的训练和比赛,他们到丘陵地带寻找新的环境、新的挑战,于是一种全新的运动方式——自行车越野赛产生了。比赛时,各队骑山地车,从左至右排成一路纵队集体出发,在崎岖不平、有天然障碍(或人工设置障碍)的路面上比赛,以到达终点的时间判定名次。越野赛男子赛程 40~50 公里,女子赛程 30~40 公里。男、女个人越野赛均于 1996 年被列为奥运会比赛项目。

(二)赛场礼仪

由于自行车比赛本身的特点,运动员在比赛时要遵守相应的赛场礼仪:运动员必须戴头盔文明参赛,比赛中不能有非道德体育行为,如故意用手触及、追、推其他队员(如果车手感觉因推挤或阻挡而处于不利位置,必须以书面形式向组织者提交抗议);不能短距离尾随机动车辆或乘坐机动车辆;不能终点冲刺曲线骑行和阻止他人骑行;不能在饮食区外取食品等。

自行车比赛是赛场上异彩纷呈的一项赛事,表现在从比赛场地到比赛形式乃至判定比赛胜负的方式都各不相同。如场地追逐赛是参赛运动员之间的直接角逐,场地计时赛是运动员与时间的赛跑,而自行车越野赛则是运动员与对手、与自然环境的竞争。比赛过程中,既有依靠战术取胜的争先赛和计分赛,也有完全凭借个人体能实力获胜的越野赛和公路赛等等。观众可以根据自己的喜欢程度来选择观看,在观看时要注意以下礼仪:

其一,在观看场地赛时,观众要尽量提前到场并落座,不要打任何标语、横幅。在比赛开始时要保持安静,以便运动员能听到裁判的提示,在比赛的进程中,可以为运动员加油助威。

其二,观看公路赛时,观众绝对不要冲进赛道。因为在自行车比赛场地上不仅有快速行驶的自行车,还有各种宣传广告车、警车、裁判车等诸多机动车,如果观众突然冲进赛道,不仅会阻挡运动员去路,影响运动员的比赛成绩,而且会给自身带来危险。带儿童观赛的父母要注意看管好自己的小孩。

其三,观看越野赛时,观众不要给选手帮倒忙。在选手爬坡或是自行车出现故障时,是不需要观众帮助的。因为越野赛考验的是选手与自然作战的能力,任何外力的帮助都会使选手的比赛资格被取消。

二、马术

(一)项目简介

马术的起源很早,在公元前680年的古代奥运会就设有马车比赛。中国的马术也具有悠久的历史,兴于周代,盛于唐代。现代马术运动始于欧洲。1734年在美国弗吉尼亚成立查尔列斯顿马术俱乐部,这是世界最早的马术俱乐部。1900年第二届奥运会上,马术被列为比赛项目,内容包括障碍赛、跳高和跳远比赛。1912 年第五届奥运会开始把三日赛、障碍赛、花样骑术赛三项列为比赛项目。1953 年首次举办世界场地障碍马术锦标赛。1966 年起举办花样骑术锦标赛。

1. 花样骑术

花样骑术又称盛装舞步骑术赛，被形容为马的芭蕾表演。比赛时，马和骑手要在长 60 米、宽 20 米的场地上在规定时间内完成行进、疾走和慢跑等规定动作和自选动作，以展现马匹的灵活性、马匹和骑师的协调性以及马匹对骑师的驯服程度。比赛结果按骑手完成动作的姿势、风度、难度等技巧和艺术水平进行评分，得分高者名次列前。

2. 障碍赛

障碍赛是人、马相互配合，通过一条设有障碍物路线的比赛。比赛主要测定过障碍时骑手的骑术水平、马的轻松自如以及马匹在跳跃时的力量、技能和顺从。障碍赛场地至少 2500 平方米，场中设置十多个高 1.40～1.70 米的障碍。运动员骑马必须按规定的路线、顺序跳越全部障碍。超过规定时间、马匹拒跳以及运动员从马上跌落等都要罚分。罚分以负分计算，最好成绩为零分，罚分少者名次列前。奥运会有个人（1900 年列入）和团体（1912 年列入）两个项目。

3. 三日赛

三日赛又称综合全能马术赛。骑手在三日内连续参加三项比赛，第一天为花样骑术，第二天为越野赛，第三天为障碍赛，以三项总分评定名次。三日赛分个人和团体两个项目，1912 年被列为奥运会比赛项目。

（二）赛场礼仪

马术是一项很绅士的运动。马术的赛场环境要求宁静优雅，骑手的骑术要潇洒高贵，在整个骑乘过程中，骑手与马要完全融为一体，以展现马术的协调与奔放之美。马术运动很强调精神和礼仪，无论是骑手还是观众，都要求有绅士风范。

其一,在所有的马术项目比赛中,骑手都必须盛装。比赛时,骑手须穿燕尾服、戴高帽子,在障碍赛时,要戴安全帽。男选手必须穿白马裤,女选手穿白或浅黄褐色的马裤,同时着黑靴子。身为军人和警察的运动员可以穿自己的制服。马匹要配英式马鞍,必须有双重的缰绳,马嚼子的直径不能大于 8 厘米,马刺必须是金属的,马刺的臂部必须平滑,马的鬃毛可以梳理成辫子,但不允许有其他装饰。

其二,在骑乘时,骑手要精神抖擞。腰部和髋部要保持平衡,上体自然放松且直立,双手放低接近,但相互不接触也不触及马,大腿和小腿连贯且向下伸直,拇指向上,手臂和关节靠近身体。骑手只能用施压和接触的方法控制马,而不能吆喝和喊叫。马的表现应该是高兴和警觉,耳朵向上直立或略向后,头部稳定,尾部轻摆。

其三,裁判的哨声响后,骑手要从标有 A 的地方骑马入口进入场地的中心,在 X 处行礼致意。

其四,骑手要学会"放弃"。几乎所有的竞技项目都要求选手在比赛中坚持到底,轻易放弃比赛在某种程度上被视作体育精神的缺失,然而出于对骑手和马匹的爱护,马术运动却鼓励骑手在马匹表现失常等情况下能"放弃比赛"。马术比赛往往伴随着危险,即使是在马术运动水平很高的欧美国家,也经常会发生马术事故。例如,2003 年西恩 · 克里里在比赛中受伤死亡,成为英国和爱尔兰地区第一个死于赛场的马术师;2005 年 7 月,英国著名马术师汤姆 · 哈里迪在一场障碍赛中,他的赛马在跨越第三个障碍时跌倒,哈里迪因为身上多处受伤而死亡;2006 年的多哈亚运会中,韩国 47 岁的马术运动员金亨七在马术三日赛中发生意外,他的头部受到马匹强烈撞击,不幸身亡。所以出于安全考虑,在马术运动中,"尊重骑手,爱护马匹"较比赛的结果更为重要。

其五,观众要文明观赛。众所周知,决定马术比赛成功的关键是马愿意听从骑手的指挥,而实现人马合一的境界。要做到这点,一方面要求选手要有高超的技艺,另一方面还需要观众的配合。因为,马匹是有灵性的活物儿,不是完全可控的机械,当马匹受到惊吓时就有可能变成脱缰野马。因而,为了保持马术赛场上良好的环境,观众必须文明观赛,不以自己的言行破坏赛场秩序。例如,观众不要离开座位或骑在围栏上观看比赛,不要走到运动员出场的地方用手触摸马匹,不要高声喧哗,不要摇摆任何旗帜和饰品,更不要向场地内抛掷杂物。

其六,在马术赛场,观众绝对不要对失利选手吝啬掌声。无论马匹撞杆,还是拒跳,甚至摔倒了,在比赛停止以后,观众都要给骑手和马匹报以掌声以示尊重和鼓励。

三、击剑

(一)项目简介

剑本是古代普遍使用的一种兵器,其形制在各国各地区都有所不同,并随着历史的发展不断变化。对击剑比赛最早的描绘见于埃及卢克索附近马迪纳特·哈布神庙内的一件浮雕,该神庙为公元前1190年前后埃及法老拉美西斯三世所建。欧洲中世纪时,剑是贵族、骑士随身必备的武器,剑也从笨重变得轻灵。为了提高剑术,欧洲各国还出现许多传授击剑术的行会和学校。到19世纪后期,击剑成为一项竞技性体育运动。1882年法国成立世界上第一个击剑协会。1896年首届奥运会就有击剑项目,并且是唯一允许职业选手参赛的项目。

击剑比赛在一个约2米宽、14米长、两端各有2米延伸带的击剑垫上进行,垫上画有中线、开始线、警戒线和端线,剑手在击剑垫上只能前进或后退,不能向左右移动。比赛时剑手须穿戴覆盖有效部位的金属背心和面罩,当有效部位被刺中时,电动裁判器会自动显示红灯或绿灯,刺中无效部位则亮白灯。击剑分花剑、重剑和佩剑三种。

花剑:又称轻剑。17世纪,为配合当时的服装,在法国宫廷出现一种短而轻的剑,即花剑的前身。花剑剑条用弹性钢材制作,全长不超过110厘米,重至多500克,剑身与剑柄间有直径12厘米的圆形护手盘。击剑时只准刺,不得劈打,有效部位为躯干。花剑奥运项目有男子个人、团体和女子个人、团体四个项目。

重剑:出现于19世纪中叶,起初主要用于格斗。重剑剑条为钢制,三菱形,全长不超过110厘米,重至多170克,剑身与剑柄间有直径13厘米的圆形护手盘。比赛时只准刺,不得劈打,有效部位为全身,手臂、腿、脚是主要攻击目标。重剑奥运项目有男子个人、团体和女子个人、团体四个项目。

佩剑:系意大利人拉达那利于19世纪末从匈牙利骑兵使用的一种弯曲佩剑发展而来。佩剑剑条为钢制,有刃与背,全长不超过105厘米,重至多500克,剑身与剑柄间有月牙形护手盘。比赛时可以劈刺,有效部位为腰带以上的上肢、头部、颈部和躯干。佩剑奥运项目有个人、团体两个项目。

(二)赛场礼仪

击剑是一项古老的绅士运动,有很多礼仪一直沿用下来。在现代击剑赛场上,运动员和观众应该更好地承传这种礼仪,并使其发扬光大。

1.运动员礼仪

其一,比赛前,运动员要穿好击剑服,严禁着装不齐者在剑道上交锋。运动员不能用剑尖、剑刃威胁、劈、刺、击打尚未穿戴好击剑服和击剑护面的任何人员。

其二,比赛开始时,运动员左手持护面,右手持剑(左手持剑者,右手持护面),剑尖向下,丁字步于剑道中线2米后站好,与对手同时举剑于眉间向对方、裁判和观众敬礼致意。礼毕后,戴好护面,听到裁判的准备口令后,做出实战姿势,准备比赛。在每一回合的开始和结束,选手必须向对手、裁判以及观众敬礼。动作过程是:持剑臂手心向上伸平,剑尖指向裁判员(对手、观众),然后屈肘垂直举剑表示致敬。

其三,比赛过程中,运动员不能说话,喊叫。如需向裁判或对手解释,必须举手向裁判和对手示意,除去护面后,再陈述。

其四,比赛结束时,在裁判员裁决期间,运动员应原地静止不动,用剑向裁判行礼。裁判员宣布比赛结束后,在退场前,运动员必须先用非持剑手除去护面,把护面夹于持剑手臂的腋下,用非持剑手与对手握手致意,并向观众行礼。

2. 观众礼仪

其一,在主裁判宣布比赛“开始”时,赛场就必须安静下来,观众不要走动和说话。否则,主裁判有权暂停比赛,环视赛场以强调赛场秩序。

其二,在比赛过程中,观众要保持安静。比赛时,运动员总会根据对方的特点选择出剑、进攻的方式,这时观众不应发出助威声,以便运动员能够更好地思考和出招。

其三,当运动员有出色的表现,做出了精彩的技击或躲闪时,观众要在主裁判喊“停”后再喝彩欢呼。无论裁判器是否亮灯,只有主裁判喊“停”,这一轮交锋才告结束。

四、射击

(一)项目简介

射击起源于军事和狩猎活动。1897 年举行了第一届世界射击锦标赛。射击比赛分手枪、步枪、移动靶和飞碟四种类型,因使用的枪支和射击方法不同而又分为若干小项。男子射击于 1896 年被列为首届奥运会比赛项目。1972 年起允许女子参加奥运会射击赛,但不设女子项目,而是与男子同场竞技。从 1984 年奥运会起设部分女子项目。从 1996 年奥运会起,男、女射击比赛完全分开。

1. 手枪射击比赛

男子手枪慢射:用小口径自选手枪对距离 50 米的靶射击 60 发子弹,包括试射在内的总时限为 2 小时。

男子手枪速射:用小口径速射手枪对距离 25 米的靶射击 60 发子弹,每组 5 发,按 8 秒、6 秒、4 秒的射击时间顺序先各射两组,共 30 发子弹,然后再按相同方法进行第二轮 30 发子弹的射击,在规定时间内射完。两组成绩相加之和为总成绩,以总成绩评定名次。

男子气手枪:用 4.5 毫米口径气手枪对距离 10 米的靶射击 60 发子弹,分 6 组,每组 10 发,包括试射在内的总时限为 2 小时 45 秒。

女子运动手枪:用小口径自选手枪对距离 25 米的靶射击 30 发子弹,每组 5 发,共 6 组,每组时限 6 分钟。慢射结束后,用小口径速射手枪对距离 25 米的靶射击 30 发子弹,每组 5 发,共 6 组。慢射、速射成绩之和为总成绩,以总成绩评定名次。

女子气手枪:用 4.5 毫米口径气手枪对距离 10 米的靶射击 40 发子弹,每组 10 发,共 4 组,包括试射在内的总时限为 1 小时 15 分。

2. 步枪射击比赛

男子小口径步枪 3×40 米:使用小口径步枪按卧、立、跪三种姿势的顺序向距离 50 米的靶各射 40 发子弹,包括试射在内的总时限为 3 小时 45 分。

男子小口径步枪 60 发卧射:用卧姿向距离 50 米的靶射 60 发子弹,包括试射在内的总时限为 1 小时 30 分。

男子气步枪 60 发立射:用立姿向距离 10 米的靶射 60 发子弹,包括试射在内的总时限为 1 小时 45 分。

女子标准步枪 3×20 米:用小口径标准运动步枪按卧、立、跪三种姿势的顺序向距离 50 米的靶各射 20 发子弹,包括试射在内的总时限为 2 小时 15 分。

女子气步枪 40 发立射:用立姿向距离 10 米的靶射 40 发子弹,包括试射在内的总时限为 1 小时 15 分。

3. 移动靶射击比赛

以小口径步枪立姿向距离 10 米的移动靶射击。移动靶多为跑动的猪靶,故又称跑猪靶。早期移动靶安装在滑车上,靠人工带动后的惯性前移,现多为电子操纵。

4. 飞碟射击比赛

双向飞碟:靶场为扇形,有 8 个射击位置,两端各设一个高、低抛靶房,房内各设一台抛靶机。比赛时,抛靶机向固定方向抛出角度、高度均不同的碟靶,一次抛一靶或双靶。6 名运动员为一组,每位运动员从 1 号射击位置开始,射完规定靶数后进入下一位置,8 个位置共射 25 个靶为一轮。全部比赛男子射 125 个靶,第一天射 75 靶,第二天射 50 靶;女子共射 75 靶,一天内赛完。

多向飞碟:靶场为长方形,设有 15 台抛靶机,每 3 台为一组。抛靶机抛出距离、高度和方向均不相同的碟靶,一次抛一靶。比赛时,6 名运动员为一组,轮流进入 5 个射击位置,每人各射 25 靶为一轮。每个碟靶可射 2 发子弹,第一发未射中,可再射第二发。全部比赛男子共射 125 个碟靶,第一天射 75 靶,第二天射 50 靶;女子共射 75 靶,一天内赛完。

双多向飞碟:靶场同多向飞碟,但只用中间的 7、8、9 号抛靶机,抛出距离、高度和方向均不相同的碟靶,一次抛双靶。比赛时,6 名运动员为一组,轮流进入 5 个射击位置,男子各射 25 个双靶,女子各射 20 个双靶为一轮。全部比赛男子共射 150 靶,女子共射 120 靶,均在一天内赛完。

(二)赛场礼仪

射击比赛是一项非常精彩的赛事,虽然没有激烈的对抗性,但是那种环环相扣的紧张刺激还是很吸引观众的。射击比赛容易受外界干扰,结果充满着变数,运动员只有排除一切干扰、心平气和地参加比赛,才有可能取得好成绩。而作为观众,在观看比赛时要与运动员形成一个有机的整体,自觉地遵守射击赛场礼仪,为运动员创造良好的比赛环境。

其一,手枪和步枪比赛在室内进行,对比赛的环境要求很高。在比赛开始前观众应该坐到自己的位置上不要随便走动。在观看比赛时一定要保持安静,绝对不能打手机,不要大喊大叫,也不要来回走动,观众尽量别拍照,即使拍照也一定不能使用闪光灯。当运动员打出好成绩的时候,要做到适度鼓掌,有声势的喝彩和欢呼应该在比赛完全结束以后再进行。

其二,为了保持射击场的安静,观众不要带年龄太小的孩子进入赛场。

其三,飞碟比赛是在室外进行的,基于这项赛事的本身要求,观众应提前就座并禁止来回走动,观众也不能有诸如大幅度地晃动宣传条幅等动作。

五、射箭

（一）项目简介

射箭是一项古老的技艺，距今约有 28700 年的历史。在原始群居时代，我们的祖先为了生存，发明了弓箭作为狩猎和防御野兽的工具。他们将粗树枝用绳绷弯，做成弓，将细木棍做成箭，用以狩猎和自卫，到石器时代，箭被加上石镞、古镞，到后来又出现铜镞、铁镞。

传说公元前约 21 世纪，夏朝建立后，在黄帝与蚩尤的大战中，弓箭成为一种战斗武器。有关射箭的传说很多，如传说唐尧时代，天上十日齐出，晒焦了庄稼，后羿用箭射落九日，又射河伯之目、风伯之膝以及其他危害百姓的怪妖恶兽等，挽救了百姓。

据《太平御览》三百四十七卷记载，夏朝已经有了教授射箭的专职教员，同时还有了习射机构——“序”，夏之大学称“序”。《孟子》云：“序者，射也。”说明当时学校习射是教育的主要内容之一。

公元前 11 世纪，在伐纣和平定武庚叛乱的战争中，弓箭起到了重要的作用。统治者深知掌握武力的重要，制定了射礼、弓制、矢制等。礼仪规定，男子必习射，当时男子不会射箭是一种耻辱。中国古代教育着重“六艺”，即礼、乐、射、御、书、数。

射箭在世界其他国家也极为盛行。据历史记载，欧洲射箭首次比赛于中世纪在瑞士举行，瑞士的民族英雄威廉、退尔是射箭能手。英国的射箭历史悠久，从 1068 年亨利一世开始就有了射箭的制度，成立了射箭团体。1787 年英国成立皇家射箭协会，成为世界上最早的射箭组织，1844 年举行了英国第一届射箭锦标赛。

1900 年第二届奥林匹克运动会设立了射箭比赛项目。1931 年由英国人发起，组织成立了国际射箭联合会，同年举行了第一届射箭世界锦标赛。

射箭场地要求平坦，长约 130 米，宽约 150 米。射箭的器械包括弓、箭、靶。

弓由弓把、弓面及一对顶端带环扣的弹性弓翼组成；箭包括箭头、箭杆、箭扣和箭羽；靶可用纸、布或其他材料制成，从外向内由白、黑、蓝、红、金 5 种颜色的等宽同心圆区构成，金色靶心叫“黄心”。射箭时运动员站在距离靶盘 70 米远的地方，将箭射向靶盘，射中金色靶心为 10 环，最外边的一圈为 1 环，依此类推，环数高者取得胜利。奥运会比赛项目有个人赛和团体赛。

（二）赛场礼仪

射箭与射击一样，在过去也是一项贵族运动，那时的人们观看射箭比赛都要盛装出席。现代射箭比赛对观众的服饰没有这样的特殊要求，观众着装整齐即可。在观看射箭比赛时，观众不要大声喧哗，不能打手机，尤其不能在选手表现不好时喝“倒彩”，也不要在场地里来回走动。一旦出现上述情况，裁判有权勒令不懂规则的观众离开赛场。另外，在运动员瞄准靶心箭未离弦之时，观众一定要保持安静。

由于比赛是在室外进行，观众一定要注意天气变化，做好观看比赛的各种准备。

六、围棋

（一）项目简介

被人们形象地比喻为黑白世界的围棋，是我国古代人们所喜爱的娱乐竞技活动，同时也是人类历史上最悠久的一种棋戏。由于它将科学、艺术和竞技三者融为一体，有着发展智力，培养意志品质的特点，因而，几千年来长盛不衰，并逐渐地发展成了一种国际性的文化竞技活动。

围棋棋盘由横竖各 19 道直线组成，在纵横 19 路棋盘的 361 个交叉点上，黑白双方你来我往，一人一着，可以生出无穷的变化。一局围棋，大致可分为布局、中盘、收官和局终四个阶段。布局阶段是指开始下棋时，双方抢占要点的几十个回合，一般的规律是先占角，再占边，最后争夺中心；中盘是指在布局结束后，彼此着子位置逐步接近，双方寸“地”必争的过程；收官是巩固成果决定最后胜负的阶段,胜负往往在收官阶段决定;一盘棋下到双方都认为无可争之点时,就算全局终了,除一方主动认输外,要通过点目或数子来决定双方的胜负。

分先的对局,为了抵消第一着黑方先下的有利条件,可规定黑方贴出若干子给白方,以求平衡。《围棋竞赛规则》规定:黑方贴给白方 11/4 子(五目半),即终局对黑方占得 184 点为胜 3/4 子,白方占得 178 点为胜 1/4 子。正式围棋比赛中还实行计时,对双方的时限是一致的,超时判负。一方用完了可自由支配的时间,就开始"读秒",一般是每一步棋的时间不得超过 1 分钟。

(二)赛场礼仪

围棋是一项高雅的竞技运动,围棋对棋手的精神和品格都有较高的要求。下棋的人首先要讲究弈德,在棋艺进步的同时,还要提高自身的品格与修养。棋道中的一条基本原则是"落棋无悔",棋是自己走出来的,对错都要去接受。过于追求胜负,或者太沉醉于棋局考虑中的职业棋手,可能会犯下悔棋的严重错误,如果是无意的,另当别论,如果是有意去冒犯,这就是对规则、对自己和对手的严重不尊重,也是对弈中最缺乏礼仪的一种行为。

围棋是很讲究礼仪的项目,涉及很多细节。对局前,双方要握手,或点头示意,以表尊重;在对局前猜先时,下手方应请上手方抓白子;下棋时,棋手应保持端正的坐姿,不要歪坐,不要抓子或玩弄棋子;黑棋的第一手棋如果是占角的话,应下在右上角,把距离对方右手最近的左上角留给对方,表示对对方的尊敬;对局前下手方应主动整理棋具;对局时,如对手因故离席,回来时自己有告诉对方棋下在哪里的义务;局后,胜方不可沾沾自喜,败方也不应拂袖而去,双方应收好棋子,整理好棋具方可离席。

观看棋类比赛时,观众应遵循"观棋不语真君子"的原则,要保持现场绝对的安静,不能大声喧哗,不能为棋手出招或对棋手的棋艺指指点点。现在通信技术非常发达,棋手和观赛的人都会佩挂手机,对弈开始之前,观众一定要关闭手机或将手机设在振动状态。棋手绞尽脑汁思考问题的时候,手机铃声响起,会严重地干扰棋手对弈,这是非常不礼貌的行为。

七、保龄球

(一)项目简介

保龄球运动被誉为人类历史上最古老的运动之一,其历史最早可以上溯到距今7200年前。1920年,英国考古学家佩德里爵士在公元前5200年的古埃及墓道遗迹中发现类似现在保龄球运动的大理石球和瓶,这个游戏的玩法是用球投向石瓶,将石瓶击倒,这与现代保龄球的用具与打法十分相似。

现代保龄球运动起源于公元3—4世纪德国的“九柱戏”。当时的天主教徒在教堂的走廊里安放木柱以象征异教徒和邪恶,以石球的滚击之来赎罪、消灾和辟邪。至14世纪,九瓶制保龄球游戏逐渐发展成为欧洲民间的体育运动。

17世纪,荷兰移民将九瓶制保龄球带到了美洲,18世纪末到19世纪初,美国人对九瓶制保龄球进行了改革,创立了十瓶制保龄球。1875年世界上第一个保龄球协会成立,规定了球道的长度和球瓶的大小,为保龄球成为正规的体育运动奠定了基础。1895年,在美国成立了美国保龄球总会(ABC),1916年成立美国女子保龄球总会(WABC),1935年成立了美国青年保龄球总会(YABC),从而推动了保龄球运动的普及和传播。1952年,

国际保联(FIQ)在芬兰成立,下辖世界九瓶保龄球协会和世界十瓶保龄球协会两个分支组织。目前全世界有80个国家开展这项运动,有60多个国家和地区加入了国际保联。国际保联分美、欧、亚三大区域,每年在不同的国家和地区举行一次世界杯赛,每两年举行一次区域大赛,每四年举行一次世界大赛。1988年第二十四届奥运会将保龄球列入表演项目,1992年第二十五届奥运会将保龄球列入正式比赛项目。

保龄球一局分为十格,每格里有两次投球机会,如在第一次投球时全中,就不需要投第二球。每一格可能出现三种情况,第一、失球:无论何种情况,在一格两次投球,未能击倒十个瓶,此格的分数为击倒的瓶数。第二、补中:当第二次投球击倒该格第一球余下的全部瓶子,称为补中。补中的记分是10分加上

下一次投球击倒的瓶数。第三、全中：当每一格的第一次投球击倒全部竖立的十个瓶时，称为全中。全中的记分是 10 分(击倒的瓶)加该球员下两次投球击倒的瓶数。但在第十格中情况比较特殊：①如第二次投球未补中，则第十格得分为第九格得分加上第十格所击倒瓶数；②如第二次投球补中，则追加一次投球机会，第十格得分为第九格得分加上 10 加上追加一次投球击倒瓶数；③如第一球为全中，则追加二次投球机会，第十格得分为第九格得分加 10 再加上追加投球击倒的瓶数。因此从第一格到第十格的两次追加投球，都为全中，则为 12 个全中，得分为满分 300 分。

(二)赛场礼仪

保龄球是一项绅士运动，也是群众比较喜欢的体育健身项目，打保龄球要遵守以下 15 条公认的球场礼仪：不可以随便地进入投球区；进投球区时，必须更换保龄球专用鞋；只使用自己选定的保龄球；等到瓶完全置完之后再投球；不要进入旁边的投球区；先让给已经准备好投球姿势的人投球；同时进行投球动作的情况下，由右边的人先投球；在投球区，不可以投球的预备姿势太久；投球动作结束后，不可以长久地站在投球区；不可投出高球；不可打扰正在投球人的注意力；不在投球区挥动保龄球；成绩不好时，不要怪球道情况不良；不可批评别人缺点；不可把饮料洒在投球区。

八、台球

(一)项目简介

台球起源于 17 世纪的西欧，那时候，台球是法国与英国王宫贵族的“时尚游戏”。19 世纪初，台球运动开始走向成熟，在技术提高的同时，设备用具也随之发展。1827 年，石板台面取代了原来的木质台面，1835 年弹性优良的橡胶台边取代了木质台边。法国人米佳发明了皮革杆头，随后英国人又发明了“巧克粉”，以免杆头打滑，最终球星卡尔创造的旋转球打法，开辟了台球技艺的新天地，使台球运动无论在艺术上或技术上都更为新颖玄妙、引人入胜。

英式斯诺克是当今世界台球运动的主流。据传,斯诺克台球是由一名驻扎在印度的英军青年从三球台球改进而来的。最初增加了一个黑色球,后来又加了一个粉色球,随着彩球数的增加,丰富了玩球的方法。后来又连续增加了几种不同颜色彩球,球数达到二十二个,其中有十五个红色球,六个不同颜色的彩色球和一个白色主球,并且还制订了一套比赛方法和规则。

斯诺克球台长 12 英尺,宽 6 英尺,共有六个落袋。台面上的白球为“母球”亦称“主球”,用它来击打红球与彩色球落袋得分。每个红球分值为 1 分,六个彩色球中分值最高的是黑色的七分球,彩色球落袋后将会放置到台面的指定位置。选手击落一只红球才能获得击打彩球的权利,无球落袋与出现犯规则交出球权。

顶尖斯诺克高手之间的对抗往往围绕着“黑色球”进行,“大师级”的球员可以做到“一杆清台”,并且打满 147 分。除了进攻,防守也是斯诺克比赛的精髓,斯诺克的含义即为“障碍球”,在没有良好进攻机会的情况下,选择防守最为稳妥,如果能再给对手制造一个“斯诺克”,也许就能“反客为主”。高手在制造与破解斯诺克的时候,具有极大的观赏性。斯诺克的最高级别比赛是世界锦标赛。

(二)赛场礼仪

由于台球起源于过去的王宫贵族,因而在台球场上有着很严格的礼仪要求。早在 18 世纪的英国,对于参加台球活动的人就有了详细的礼仪规定。直至今日,斯诺克台球的礼仪与风度依然是这项运动的魅力。

在正式比赛的场合,台球选手需穿衬衫、马甲、西裤、皮鞋,并佩戴领结。台球运动被称为“无声的争斗”,参赛选手除了与裁判进行必要的交流,其他时间要保持沉默,这条由来已久的规定至今仍在沿用。在比赛开始和结束时,选手要和对手、裁判握手。无论何时,选手都要将自己所有的犯规行为进行申报。

在比赛开始时,双方通过抛硬币决定谁先开球,需要注意的是,选手不要在台球桌面上旋转硬币,以免损坏台布。当一方击球时,另一方不能站在对手的击球线上，不能站在对方的瞄准方向，更不能对视、干扰对手。击球的选手至少要有一个脚尖接触地面，不能双脚离地。在某盘或某场比赛中，当选手击失一杆或对手仍在台面击球时，不能认输，等到对手击完球后，方可认输。

观众在观看台球比赛时，要保持安静，不能大声喧哗，不要打手机，严禁使用闪光灯照相。在比赛结束前，不能随意走动。观众的喝彩与鼓掌要在恰当的时机送出，如在选手结束击球之后或经过选手连续进攻，台面上剩下的分值让对手已回天乏术时，在参赛选手比赛中积分达到 100 分时，在参赛选手一杆打满了 147 分时，观众都可给以热烈的掌声。但在球手思考或正在击球时禁止喝彩和鼓掌。

九、高尔夫球

（一）项目简介

高尔夫球运动的名称 Golf 来自苏格兰的方言 Gowf，意为“击、打”。打高尔夫球是一项具有特殊魅力的运动，它是人们在天然优雅的绿色环境中，锻炼身体，陶冶情操，提高技巧的活动。

关于高尔夫运动的起源有种种不同的说法。

近年国内一些学者认为高尔夫球运动起源于中国。其理由是：早在苏格兰打高尔夫球之前，中国就有一种称“捶丸”的游戏。游戏方法据元初宁志老人著的《丸经》二卷中介绍类似于现在的高尔夫球。其玩法是在旷地上画一球基，离球基数十步至百步作一定数目的球窝（洞），当时称之为“家”，旁边树彩旗，以木质球置于球基处，用下端弯曲木棍击球进球窝（洞）。“捶丸”这种游戏不论从设施和玩法上都酷似今日的高尔夫球运动。

也有人认为是古罗马军团把原始的高尔夫球带到英格兰和苏格兰的，原因是公元前 27 年至公元 395 年的古罗马有一种以木杆击打用羽毛充塞制成的球的游戏，这种游戏的打法和现在的高尔夫球打法类似。

现广为流传的说法是高尔夫球起源于 14 世纪的苏格兰，迄今为止已有 600

多年的历史。据说当时一位苏格兰牧人在放牧时,偶然用一根棍子将一颗圆石击入野兔洞中,从中得到启发,发明了后来称为高尔夫球的运动。

率先涉及打高尔夫球的是苏格兰北海岸的士兵,后来逐渐引起宫廷贵族和民间青年的浓厚兴趣,最终成为苏格兰的一项传统项目,尔后传入英格兰。

19 世纪末高尔夫球传到美洲、澳洲及南非,20 世纪传到亚洲。由于打高尔夫球最早在宫廷贵族中盛行,加之高尔夫球场地设备昂贵,故有“贵族运动”之称。

高尔夫球场一般设在丘陵地带开阔、缓坡的草坪上。标准球场长 5943. 60 米至 6400. 80 米,宽度不定,占地面积约 60 公顷。球场划分为十八个大小不一、形状各异的场地,每个场地均设有开球台和球洞,十八个场地通常称为十八个洞。以第一洞的开球台为起点,以设在果岭上的第十八洞为终点。打球从进入一号洞开始,依次打完十八号洞,称为一场球。每个洞的距离长短不一,近则约 100 码,远则达 600 多码。每个洞的标准杆数取决于该洞场地的大小。美国高尔夫球协会对标准杆有如下规定:男选手标准杆,250 码之内的洞为三杆,251 码至 470 码为四杆,471 码以上为五杆。

女选手的标准杆,210 码之内为三杆,211 码至 400 码为四杆,401 码至 575 码为五杆,576 码以上为六杆。高尔夫球比赛有团体赛和单打比赛两种形式。团体赛按洞计分,在一场比赛中,赢得洞数最多者为胜。在单打比赛中,以打完一场球累计击球次数最少者为胜。目前,最著名的高尔夫球赛有不列颠列岛公开及业余锦标赛、美国公开赛及业余赛、职巡高尔夫球协会与斯特斯锦标赛。

(二)赛场礼仪

高尔夫运动经过 500 多年的发展,形成了“自律、自尊、礼让、宽容”的绅士文化。每一位球手和观众都应尊重这种文化,并能遵守相应的礼仪。

1. 球员礼仪

其一,要注意安全。安全在高尔夫运动中是如此之重要,以至于高尔夫规则和礼仪都将其列在开篇的首要位置。如果球员对球和球杆的坚硬程度没有足够的认识,球场将会变成一个危险之地。因此球员应予以高度重视,做到:不要对着有人的地方击球或练习空挥杆,因为击出的球或无意间打起的石块、树枝和草皮有可能打中他人;不要在有人走过身旁的时候挥杆,也不要在别人挥杆时从其身旁走过。

其二,服饰礼仪。球手要爱护球场,上场时要穿专用的高尔夫鞋。在高尔夫球场上,球手要穿有领子的运动衣或衬衫,穿比较正统的长西裤或短西裤,不能穿无领上衣和牛仔裤。如果天气较冷,则可穿质地较好的休闲西装或夹克衫。打球时,有一只手须戴上质地柔软的薄手套,以避免手掌与球杆猛烈摩擦时受伤。PGA 巡回赛有一项一成不变的禁令:在正式比赛场合,选手不准穿短裤上场,理由是穿长裤能保持高尔夫球是一种绅士运动的地位。1992 年在弗吉尼亚州威廉斯堡帝王磨坊高尔夫俱乐部举行的安豪泽布什精英赛上,职业选手马克·韦伯面对 39℃的酷暑天,认为凉快舒适比传统习俗更重要,穿上短裤便上场。结果,韦伯被罚款 500 美元,理由是无视规矩,表现失态。

其三,球场礼仪。球手要及时到达预定的开球区,但不要在开球区练习挥杆;爱护球场,不移动草皮损坏发球区;尊重球场上的其他球手,就像自己希望被别人尊重一样,在别人瞄球或击杆时,不能随意走动、说话或者站在球或洞的附近干扰和妨碍击球者;球手要始终做好打球的准备,不要耽误比赛;球手击球后,立刻离开球座径直走到球落点处,轮到再次击球时,应立即行动,不能耽搁时间;如果其他球手准备在相邻的任何果岭上推杆,则不要做击打动作;推杆前,把手推车放在果岭旁边,最好是放在下一个开球区旁边的区域;如果自己或自己的小组被迫寻找丢失的球,在寻找之前应邀请下一组击球。

2. 观众礼仪

在美巡赛的一次赛事中,“老虎”伍兹在第十八洞准备全力出击,然而就在他挥杆时,一名观众按下了相机的快门,寂静中的噪声扰乱了伍兹的心神,这次击球失误了,气急败坏的伍兹愤怒地瞪着肇事者,他的球童则扑上前去抢下相机扔进了池塘!很难简单地判断这件事情孰是孰非,因为事实上双方都是“受害者”,但是职业选手发出的“拜托,不要在挥杆时按动快门”的请求却是由衷的。

高尔夫是一项文雅的运动,要遵守很多的规则。观看高尔夫赛事的观众也一样,也应该知道相关的礼仪,以免影响球员的发挥。

服饰礼仪:高尔夫运动被称为贵族运动,不仅参赛的选手要穿专业的服装,在现场观看的观众也有一定的服装限制。对于高尔夫观众来说,符合标准礼仪的衣着应该是有领T恤,休闲裤和平底鞋。高尔夫的禁忌是高跟鞋。因为高跟鞋不但会对球场的草皮造成严重的损害而且在比赛的时候,

高跟鞋在球场地面上的踢踏作响,也是一种不礼貌的行为。因此看比赛之前,换上平底球鞋应该是基本的礼貌。

观赛礼仪:在选手挥杆和推杆的过程中,观众要保持绝对安静。在一些规定严格的比赛上,普通观众不能携带手机和相机进入比赛区。即使是专业的摄影师在球场上也不能够在选手正式挥杆的时候拍照。赛事单位为了规范观众看球的路线,会提前用围绳把球道和果岭围起来,观众在观看比赛时要在围绳外观看,不能进入选手比赛的球道。

第九章　体育运动仪式

体育运动仪式是指围绕一定规模的竞技体育或群众体育运动盛会而举行的一系列隆重的礼仪性活动,主要包括火炬传递仪式、开幕仪式、颁奖仪式和闭幕仪式等。

体育运动仪式最初是由顾拜旦为现代奥林匹克运动会设计的,他认为只有把现代奥运会办成一个神圣的体育祭坛,办成一个与多种文化形式合为一体的盛大的文化节日,才能发挥奥运会应有的作用。为了实现这一目标,他强调现代奥运会应当体现出美和尊严两个意思,指出:“任何一个研究过古奥运会的人都会发现其深远影响的两个基本原因是美和尊严。如果现代奥运会要产生我们期望的影响,它也应该显示出美,激发出人们的崇敬——一种能无限制地超越我们今天最重要的体育竞赛所表现出的美和尊严。”在这种思想的指导下,奥运会逐渐形成了一整套特有的恢宏庄严、华彩而凝重的传统仪式,如作为奥运会前奏的千万人参加的圣火传递仪式,盛大的开幕式中的入场仪式,点燃圣火,放飞和平鸽,运动员、裁判员的庄严宣誓,严肃而热烈的授奖仪式,欢快而充满激情的闭幕仪式等。

现代国内外体育运动会无论规模大小,其仪式大都遵从顾拜旦的模式,虽然在内容和表现手法上不断创新,但体育运动仪式的人文主义情怀以及表达在真正的、纯洁的体育精神指导下的体育运动的优美、神圣和崇高的内涵却一直是各种仪式的主旋律。

第一节　火炬传递仪式

在国际性或全国性的大型体育赛事开幕之前,往往都要举行隆重的火炬传递仪式。火炬传递仪式旨在传递人类的奥林匹克理想,即对和平的企望、对参与的渴求和对人文精神的崇尚,同时也唤起人们对即将举行的运动会的关注。

一、火种的采集

运动会圣火起源于古希腊奥运会开幕前举行的隆重的点火仪式。在古希腊每届奥运会举行以前,人们都要高举着在赫拉神庙前点燃的火炬,奔赴各个城邦,去传递停战的神谕和奥运会召开的消息。火,作为一种神圣的象征,在希腊历史上代表着创世、再生和光明。

1934 年国际奥委会雅典会议决定,仿照古代奥运会,在主体育场点燃奥林匹克圣火,直至闭幕,并规定火种必须采自希腊的奥林匹亚。第十一届柏林奥运会首次举行了隆重的火种采集仪式和火炬传递活动,12 名身着希腊民族服装的少女,在乐曲伴奏声中点燃了第一支火炬,前国际奥委会主席顾拜旦亲临现场,并发表了演说,火种经过 11 个昼夜用火炬接力传送的方法传到柏林的奥林匹克主会场后,点燃了圣火。此后,采集火种、火炬传递、点燃圣火,成了历届奥运会不可缺少的重要仪式。

现代每届奥运会的圣火火种都采集于希腊奥林匹亚山上的赫拉神庙。届时,在奥林匹亚的赫拉神庙遗址前都要举行庄重的点火仪式,国际奥委会、奥运会主办国和当地的官员都要出席。身着古装的希腊少女用聚光镜采得火种,然后用火炬将火种传到古代奥林匹克运动的发源地雅典,最后传抵奥运会的主办城市。奥林匹克火种象征着光明、团结、友谊、和平和正义。顾拜旦曾说过:“要记住这是从奥林匹亚带来的太阳之火,会给你们的一生带来光明和温暖。小心呵护,让这火在你们的心头持续燃烧。”

古希腊奥运会火种的意义是深远的,它为现代大型体育运动会的火种采集树立了典范。现代国内或国际上的大型运动会都会精心选择火种采集点,以采集点的历史文化和人文主义精神来寓意运动会的愿望和寄托,取火点肩负着向全世界表达主办城市(国家)最深厚的历史、文化以及最深重感情的重任。

例如,第十届全国运动会的火种采集点和火炬的传递活动都蕴含着丰富的内涵。

火种的采集点分别在河南、南京和北京。河南省商丘市是我国历史名城,素有“火的故乡”之称,《史记》记载钻木取火的燧人氏就曾在这里繁衍生息。燧人造火被誉为“中华第一火种”,照亮了从猿到人的历程,开创了中华古代文明,因此,用“中华第一火种”诞生地——河南商丘——采集的火种,点燃十运会“华夏文明之火”,闪耀着人类征服自然的智慧光芒,体现着中华民族五千年的灿烂文明。南京紫金山天文台是我国自己建立的第一个现代天文学研究机构,在我国天文事业的建设和发展过程中起着重要的作用,在海内外享有较高的声誉,它见证着中国天文科学事业的发展进步历程,所以,在南京市紫金山天文台采用天文望远镜聚焦采集“科技进步之火”具有特殊的时代意义。北京航天城是我国载人航天测控网的指挥中枢,2003 年 10 月 15 日,我国航天科学家们汇聚在这里,成功地指挥了“神舟”五号载人飞船的发射,它标志着中国人民在攀登世界科技高峰的征程上又迈出了具有重大历史意义的一步。2005 年“神舟”六号的升空,表明我国航天载人技术向更高的目标迈进。因此,在北京航天指挥控制中心取“中华复兴之火”,寓意着以航空航天技术为突破口,中华民族能在知识经济时代把握和抓住战略机遇,全方位实现中华民族的伟大复兴。

三地火种汇聚中华宝鼎,主火炬点燃后,在神州大地展开以“我们万众一心”为主题的火炬传递活动。科技、文明和进步的理念随着圣火传遍祖国的大江南北、长城内外,象征着全国各族人民团结一心、在实现中华民族伟大复兴的征程中阔步前进的精神风貌。

二、火炬的传递

火炬传递的范围是与运动会的规模相一致的。像奥运会这样的国际赛事，火炬传递要覆盖十几个国家；国内的大型运动会像全运会的火炬传递是在国内不同的省份进行的；省运会的火炬在省内各市地之间传递。例如，浙江省第十三届运动会的火种分别从浙江省的东、西、南、北四方采集（分别是：在新千年阳光首照地台州温岭石塘和临海括苍山采集“希望之火”；在宁波余姚河姆渡采集“文明之火”；在嘉兴南湖采集“革命之火”；在浙江母亲河——钱江之源的开化采集“钱江之火”），然后在规定的时间段内，结合全民健身活动，开展省运火炬传递活动。

火炬传递的基本仪式是：火炬在具有重要象征意义的取火点取得火种并点燃，然后采用接力的形式经由不同的地点最后传抵运动会的举办城市，并在运动会开幕时将会场的火炬点燃。

火炬接力活动无论规模大小，其整个过程都是庄重而热烈的。政界要员、著名运动员、各行各业的出色代表以及普通民众都是火炬接力的参加者。自从现代奥林匹克火炬接力诞生之日起，已有成千上万来自世界不同国家、不同肤色、不同宗教信仰的人们参加了不同规模的运动会的火炬接力活动。火炬把奥林匹克理想和现代人类的美好愿望传播到了世界的各个角落。在火炬接力过程中，参与的公众能够切身体会到奥林匹克的光荣与梦想，而受火炬传送影响最大的当属沿途所经过的地区和城市，火炬使这些城市的人们更加感到和平、友谊、团结、毅力和拼搏的可贵。

三、历届奥运会火炬传递仪式

（一）1936 年柏林奥运会

1936 年柏林奥运会首次进行了圣火采集仪式和火炬传递活动。女祭司将采集的圣火和野生橄榄枝编织的花冠交给第一个火炬传递者，后者跪地接受。

女祭司在诵读希腊著名诗人品达的诗句后退席，火炬接力开始。这次火炬接力穿越了希腊、保加利亚、南斯拉夫、匈牙利、奥地利、捷克斯洛伐克、德国等国家，全程3075公里，3075名各国运动员每人持火炬跑1公里，经过11个昼夜将火种送到了柏林的奥林匹克体育场。

（二）1948年伦敦奥运会

这是二战后的第一届奥运会，圣火经由1416名传递者穿过8个欧洲国家，行程3365公里，于7月29日抵达伦敦温布利体育场，最后由田径选手约翰·马克点燃开幕式上的火炬。

（三）1952年赫尔辛基奥运会

由于仍然未能从二战创伤中恢复过来，1952年赫尔辛基奥运会组委会请求奥运火炬的传递不要经过芬兰东部。本次奥运会首次动用飞机传递火炬。1952年7月19日，火炬由雅典经哥本哈根运送到赫尔辛基主体育场。芬兰长跑界的两位老将飞人帕沃·鲁米和汉斯·科勒迈宁分享了点燃圣火的荣耀。帕沃·鲁米手持火炬跑进体育场，首先点燃设在场地上的圣火台，然后将火炬交给64岁的汉斯·科勒迈宁。当汉斯·科勒迈宁以矫健的步伐登上83米高的火炬台点燃圣火时，整个体育场掌声雷动。

（四）1956年墨尔本奥运会

圣火分两路传送，由于担心传染病，澳大利亚拒绝参加马术的马入境，国际奥委会不得不将马术改在瑞典首都斯德哥尔摩进行，圣火传递既要到达澳大利亚，又要到达瑞典。墨尔本一线圣火行程20470公里，经由3118位传递者，由著名长跑选手罗恩·克拉克点燃开幕式火炬。斯德哥尔摩一线圣火从雅典空运至马尔摩，然后由来自瑞典16个骑马俱乐部的150位骑士护送，抵达斯德哥尔摩的体育场。

（五）1960年罗马奥运会

这一届的火炬传递让人们重温了古希腊和古代意大利的辉煌岁月。火炬传递从希腊东南部港口城市比雷埃夫斯的韦斯普奇号上开始，被运送到意大利西西里岛东部的锡拉库扎港，之后在意大利境内多个城市内传递后到达罗马。奥运火炬传递路线的“中枢”是希腊和意大利境内的古代纪念碑，共有1529名运动员参加了火炬接力，行程2750公里，火炬接力的最后一棒由吉安卡罗·佩里担当，他将罗马奥林匹克体育场的火炬点燃。

（六）1964年东京奥运会

奥运火炬传递者首次逾十万。火炬传递从8月21日开始，火种在奥林匹亚点燃后先空运至康斯坦丁堡，然后经由贝鲁特、德黑兰、拉合尔、新德里、曼谷、吉隆坡、马尼拉、中国香港、中国台北，然后抵达日本的门户冲绳岛。火炬传递经过海陆空，行程26065公里，传递者创纪录达到100603人。10月10日点燃东京体育场圣火的是一位19岁的小伙子坂井义则，他出生于1945年8月6日，正是美国用原子弹轰炸广岛的那一天。

（七）1968年墨西哥奥运会

火炬传递沿着著名航海家、探险家哥伦布当年的足迹进行。火炬从奥林匹亚点燃后被送到哥伦布的出生地热那亚，到达过西班牙巴塞罗那，之后，护卫舰“索菲亚公主”号护送火炬抵达墨西哥，采用了与哥伦布“圣玛利亚”号一样的航线，历时21天。最后在墨西哥奥林匹克体育场点燃火炬的是20岁的女田径选手恩里克塔·巴西利奥，她成为奥运会历史上第一个点燃奥林匹克体育场圣火的女性。

（八）1972年慕尼黑奥运会

这一届奥运圣火经过希腊、土耳其、保加利亚、罗马尼亚、南斯拉夫、匈牙利、奥地利和德国共8个国家，历时29天，行程5532公里，共有6000名火炬手，其中还有摩托车手进行火炬传递。最后在慕尼黑奥林匹克体育场点燃火炬的是田径选手冈瑟·扎恩。

（九）1976年蒙特利尔奥运会

这一届火炬传递最大的革新是：首次用一座电子感受器将火焰变成电子脉

冲,发射给卫星,经它传递到加拿大渥太华国会山上的激光装置,这个装置收到脉冲后把它转变成热射线点燃了火炬。在加拿大进行的火炬传递共有 1214 位传递者,最后在主体育馆点火的是两位 16 岁、15 岁的少男少女,这是奥运史上第一次由两人点燃奥运火炬。由于这次圣火火种不是通过火炬接力的方式,而是通过卫星用激光从雅典传送到渥太华,所以这种偷懒的做法遭到了非议,认为失去了这项活动原来的意义。

(十)1980 年莫斯科奥运会

火炬传递经由希腊、保加利亚、罗马尼亚和苏联,行程 4915 公里,5000 名传递者参加,篮球传奇人物谢尔盖·贝洛夫点燃了开幕式上的火炬。

(十一)1984 年洛杉矶奥运会

尤伯罗斯大胆地将商业运作的方法用到了火炬接力活动中,任何赞助 3000 美元的个人、地区、团体或公司都可以指定一个人持火炬跑 1 英里,组委会仅此一项收益 1100 万美元。圣火接力于 5 月 8 日在美国本土开始,第一棒由吉姆·索普的孙子比尔·索普完成,这次火炬接力横跨美国 50 个州,共 15000 公里,7 月 28 日奥运会开幕时,由杰西·欧文斯的外孙女吉娜·亨普希尔持火炬跑进主会场,然后将火炬交给罗马奥运会十项全能冠军约翰逊,由他点燃了玫瑰碗体育场的圣火。由于这一届奥运会浓厚的商业色彩被认为违反了奥林匹克精神,因此没有得到希腊奥委会的认可,表示不进行火炬传递。尽管火炬最终还是抵达了纽约,但希腊人在希腊境内没有进行火炬接力,并且甚至双方都没有进行火炬交接仪式。

(十二)1988 年汉城奥运会

这届奥运会火炬接力被认为是一次"伟大的火炬接力"。韩国为这一届奥运火炬传递活动准备了两年多,并且有 156 人为之奔忙。圣火从雅典空运至济州岛,整个接力活动历时 26 天,行程 15250 公里,20899 名传递者参加。

(十三)1992 年巴塞罗那奥运会

这届奥运会的火种在点燃后被西班牙护卫舰加泰罗尼亚号运送到埃姆普

里斯港,这里曾经是古希腊帝国的殖民地。火炬传递 51 天,行程 6307 公里后抵达巴塞罗那,前后共有 10448 位传递者。它最独特的一点是最后的点火仪式,残奥会射箭选手安东尼奥·里波罗将点燃的箭射向圣火台,将火炬点燃。

(十四)1996 年亚特兰大奥运会

本届奥运会火炬在希腊奥林匹亚山点火时,当时美国总统克林顿的夫人希拉里出席了仪式,火炬传递历时 170 天,患有帕金森氏综合征的拳王阿里,用他颤巍巍的双手点燃了火炬,也点燃了全场观众的热情,他们用欢呼声表达着对这位传奇人物的崇敬和对奥林匹克运动的热爱。

(十五)2000 年悉尼奥运会

这届奥运会火炬接力在希腊境内传递了 10 天之后历经 2.7 万公里抵达澳大利亚土著圣地乌卢鲁,火炬传递共历时 127 天。其中最具特色的是,澳大利亚海洋生物学家邓肯手持经过特殊化学处理的火炬在澳大利亚东北部海底完成了 3 分钟的水下火炬接力。最后在奥运会主体育馆点燃火炬的是澳大利亚土著运动员弗里曼,她也是悉尼奥运会 400 米的金牌获得者。

(十六)2004 年雅典奥运会

雅典奥运会圣火火炬由希腊演员塔利亚·普罗科皮通过古老的方式,由凸透镜折射太阳光引燃。仪式就在现代奥林匹克运动会发源地,位于希腊伯罗奔尼撒半岛西部的奥林匹亚村隆重举行。希腊标枪选手科斯塔·盖茨欧迪斯手持火炬,开始在希腊境内的第一阶段火炬传递,之后奥运圣火遵照“传递火炬,联结世界”的宗旨开始环球传递活动。这届奥运会的火炬传递经过五大洲,最后返回希腊,这是奥运会火炬传递史上第一次将火炬传递到非洲和南美洲。火炬传递活动共 35 天,经过 27 个城市,包括所有举办过夏季奥运会的城市以及 2008 年奥运会的主办城市北京。

最后会场主火炬由希腊运动员、亚特兰大奥运会帆船金牌得主卡克拉马基斯点燃。

第二节　开幕仪式

开幕仪式是体育赛会正式开始前的在体育场馆内举行的一系列隆重而热烈的庆典仪式，届时所有运动员、裁判员、教练员及体育爱好者欢聚在一起，庆祝赛事的召开。开幕仪式是体育赛事最为精彩的部分之一，其表现形式热烈、壮观、神圣，有极高的艺术性和地方文化色彩，能体现蓬勃向上的体育精神。成功而精彩的开幕式，对于提高运动会的境界、激发运动员的斗志以及吸引广大观众，都具有重要的意义。

一、一般运动会开幕仪式

开幕式是体育赛事的盛典，开幕式的会场要用彩旗、鲜花、气球、绸幅等进行必要的装饰，以烘托节日气氛。开幕式一般都包含着若干个礼仪活动内容，繁简程度随运动会的规格而变化，典型国内赛事的开幕式，应包括这样一些流程：主持人宣布开幕式开始；裁判员、运动员入场；升国旗、会旗，奏国歌、会歌；致欢迎词、开幕词；宣布运动会开幕；运动员、裁判员宣誓；运动员退场；团体操或文艺节目表演；点火仪式等。

（一）主持人宣布开幕式开始

观众和主席台人员落座，赛场一切准备就绪后，主持人宣布开幕式开始，如果有领导和嘉宾到场，主持人首先要向大会做简单介绍。主持人还要简要介绍参赛代表队，最后宣布裁判员和运动员入场。

（二）裁判员、运动员入场

裁判员、运动员按一定的排列阵容步入赛会会场，绕场一周，以接受主席台上的就座者与观众的检阅。一般来说，进入赛场的全部队伍，依其先后次序应为国旗旗手礼仪方队、运动会会旗旗手礼仪方队、运动会会徽旗手礼仪方队、男子红旗礼仪方队、女子鲜花礼仪方队、裁判员代表队和运动员代表队。每个旗手礼仪方队一般由八人组成,平举旗帜进入会场。各运动员代表队方队最前面的是礼仪引导员,然后依次为旗手、领队、运动员。运动员代表队通常按各队所在地区或队名的汉字笔画的多少来排定入场的先后顺序,不管如何排定入场序列,东道主代表队一般应居于各运动队之后。在各运动队中,礼仪引导员和运动员代表的服饰可以有特色,以反映运动队的特点,运动队里也可以打标语。在常规情况下,入场式的进行路线为逆时针方向,最后运动队进入面对主席台的场地中央,面向主席台,按先左后右的顺序成纵队排列。

(三)升国旗、会旗,奏国歌、会歌

运动员入场后,主持人宣布全体起立,首先升国旗,奏唱国歌,然后升会旗,奏会歌。升旗仪式结束后,全体人员落座。升旗仪式是一个非常严肃的、隆重的仪式,也是一种接受爱国主义教育的形式,升国旗时在场人员要行注目礼,仰视国旗冉冉升起。

(四)致欢迎词、开幕词

欢迎词和开幕词都是一种重要的迎宾礼仪语言。欢迎词一般包括以下四个方面的内容:首先,表示欢迎。一般要简洁交代致辞背景,然后用热情的话语对来宾表示欢迎。其次,阐释意义。说明举办运动会的目的及意义。再次,展示优势,树立形象。致欢迎词虽然是一种礼仪需要,但是在友好的气氛中打造好东道主的“形象名片”是必须致力追求的。最后,表达祝愿。一般用简洁的句子祝愿运动会圆满成功,或者祝愿来宾生活愉快,并以“谢谢大家!”、“谢谢各位!”这样的礼仪结语结束讲话。

开幕词是在承办单位表示欢迎后由运动会组委会主任(主席)介绍运动会意义、主办人意愿的讲话。讲话一般包括这样几个方面的内容:首先,热情洋溢地欢迎来宾并对承办单位为承办本届运动会做出的努力表示衷心的感谢。其次,阐述运动会召开的目的以及意义。再次,表达祝愿。最后邀请组织单位最高领导宣布运动会开幕。

(五)宣布运动会开幕

运动会主席致开幕词并邀请组织单位最高领导宣布运动会开幕。此时,运动会正式开幕。在宣布运动会开幕后,一般要放烟花、鸣礼炮,或放信鸽、飘飞气球,以增加喜庆气氛。

(六)运动员、裁判员宣誓

运动会上的宣誓仪式是参照现代奥林匹克运动会上的宣誓仪式而设立的。具体过程是:运动员和裁判员代表依次走上讲台,举右手,向大会宣誓。大致誓言如下:

我代表全体运动员宣誓:服从领导,遵守纪律,尊重裁判,尊重对手,比赛中做到:胜不骄傲,败不气馁,赛出水平,以饱满热情积极参加本届运动会。

宣誓人:×××

××年×月×日

我代表全体裁判员宣誓:服从领导,遵守规程;严肃认真,公正准确,秉公执法。裁判员之间互相学习,团结协作,确保大会各项竞赛工作顺利进行。

宣誓人:×××

××年×月×日

(七)点火汉式

运动会火炬经接力跑送入体育场,最后一名接力跑运动员沿跑道绕场一周后点燃运动会圣火,该圣火一直燃烧到运动会闭幕。

二、奥运会开幕仪式

现代奥运会最引人注目的特色之一就是它的独特而完整的仪式,开幕式更是所有仪式中最具魅力的华彩乐章,它是一届奥运会最为重要的文化活动,也是当今世界上受到最多关注的体育文化盛典。奥运会开幕式对媒体和大众的吸引力甚至超过体育比赛本身,人们甚至说精彩的开幕式意味着奥运会已成功了一半。事实上,每当奥运盛会来临,奥林匹克仪式都会给世界上数以亿计观众的心灵带来巨大震撼,留下终生难忘的印象,所以从某种程度上说,奥运会开幕式的功能已经不限于一场竞技盛会,它的意义早已经上升到展现一个国家和民族文明状态的境界。奥林匹克专家约翰·麦克阿鲁恩曾说道:“没有任何文化活动,没有任何宗教活动,没有任何国际组织的开幕式能超过奥运会开幕式的影响力。”奥运会的开幕式经过百年的发展已经形成了一整套特有的恢宏庄严、华彩而凝重的传统仪式。

根据《奥林匹克宪章》第 69 条的内容,奥运会开幕式必须依照国际奥委会确定的礼宾程序举行,应反映和展现奥林匹克主义的人文原则并促进其传播。

(一)开幕式开始

由奥运会组委会主席宣布开幕式开始。

(二)东道国国家元首入座

国际奥委会主席和奥运会组委会主席在运动会场的入口迎接东道国国家元首,并引导元首到专席入座。

(三)各国代表团入场

由代表团官员(每个代表团最多 6 名)带领,以国旗和国家名牌为先导,各国代表团按主办国语言的字母顺序逐一步入奥运主会场,但希腊和东道国代表团例外,希腊代表团最先入场,东道国代表团最后入场。只有参加该届奥运会并有权在奥运村住宿的运动员方可参加入场队列,举名牌的人员由奥运会组委会指派,旗手为各代表团团员,各代表团的名牌和旗帜由奥运会组委会统一提供,大小一致。参加入场队列的人员身着该代表团正式制服,不能携带旗帜、横幅、三角小旗、照相机或其他不属于其制服部分的可见饰件或物品。当代表团通过国家元首和国际奥委会主席台时,应向元首和主席致敬。各代表团在入场式结束后,到为他们保留的座位入座,以便观看开幕式,但旗手例外,仍留在运动场上。

（四）奥运会组委会主席讲话

国际奥委会主席在奥运会组委会主席的陪同下，登上设于官员席前方运动场上的讲台。奥运会组委会主席讲话，最多3分钟，然后说："我荣幸地邀请国际奥委会主席××讲话。"

（五）国际奥委会主席讲话

国际奥委会主席在讲话中提到皮埃尔·德·顾拜旦，并最后说："我荣幸地邀请××（国家元首）宣布第××届奥林匹克夏季运动会（或第××届奥林匹克冬季运动会）开幕。"

（六）东道国国家元首宣布奥运会开幕

东道国国家元首宣布奥运会开幕："我宣布××（主办城市名称）举办的第××届奥林匹克夏季运动会（或第××届奥林匹克冬季运动会）开幕。"

由国王或国家元首宣布奥林匹克运动会开幕的做法，来自1896年希腊第一届奥运会，当时是由希腊乔治国王宣布比赛开始，这个习俗也沿袭存在每届奥运开幕仪式中，到1906年后逐渐形成条文，纳入规章中。元首致辞更有一定格式，只能说："我宣布在××举行的第××届现代奥林匹克运动会开幕"，一句话而已，不能擅加增减。

（七）奏奥林匹克会歌

奏奥林匹克会歌，同时奥林匹克旗以水平展开形式进入运动会场并从赛场的旗杆上升起。

在现代奥运史上，奥运会会歌是伴随着第一届奥运会的产生而出现的。在1896年于雅典举行的第一届奥运会开幕式上，当国王乔治一世宣布奥运会开幕以后，进入场内的雅典规模最大的弦乐队和合唱团，在体育场中央偏右的地方开始演奏起一首庄严而动听的歌曲《奥林匹克圣歌》。这是一首四分之三节拍的古希腊歌曲，由希腊人萨马拉斯作曲，帕拉马斯作词，是人们首次听到的国际奥林匹克圣歌，也是体育音乐（和诗歌）在现代历史上的开端。由于音乐效果令人震惊,使得从国王到平民百姓都在某种程度上受到了感染,要求重新演奏,节目于是再次演奏,《奥林匹克圣歌》在萨马拉斯的指挥下由 9 个合唱团和 250 人演出,给国际奥委会官员留下了深刻的印象。

但当时并未确定其为奥运会会歌,因为还有许多人认为它并不十分理想,其主要原因是它需要和五环旗、和平鸽、圣火等互相配合,才能产生庄严神圣的气氛,激励全世界的运动员,而当时这些标志和仪式尚未产生,为此曾一直争论不休。1958 年以前,各奥运会承办国根据对奥林匹克精神的理解、民族文化差异和欣赏角度的不同等,自由挑选曲目作为会歌,因此,奥运会历史上曾出现过好几首会歌。可以说,在第一届奥运会之后的相当长一段时间内,历届奥运会均由东道主确定会歌,并未形成统一的会歌形式。如 1936 年柏林奥运会的会歌是施特劳斯特意为这届奥运会所作的《奥林匹克之歌》,1948 年奥运会则选用奎尔特作曲、基普林作词的《不为自己而为主》作为会歌。20 世纪 50 年代以后有人建议重新创作新曲,作为永久性的会歌,但几经尝试都不能令人满意。

国际奥委会在 1958 年于东京举行的第五十五次奥运会议上最后确定还是用《奥林匹克圣歌》作为奥林匹克会歌,其乐谱存放于国际奥委会总部。从此以后,在每届奥运会的开、闭幕式上都能听到这首悠扬的古希腊乐曲。其主要的含义是从奥林匹克活动中去追求人生的真、善、美。这首歌歌词内容如下:

古代不朽之神,
美丽、伟大而正直的圣洁之父。
祈求降临尘世以彰显自己,
让受人瞩目的英雄在这大地苍穹之中,
作为你荣耀的见证。
请照亮跑步、角力与投掷项目,
这些全力以赴的崇高竞赛。
把用橄榄枝编成的花冠颁赠给优胜者,

塑造出钢铁般的躯干。
溪谷、山岳、海洋与你相映生辉，
犹如以色彩斑斓的岩石建成的神殿。
这巨大的神殿，
世界各地的人们都来膜拜，
啊！永远不朽的古代之神。

奥运会会歌作为奥林匹克运动会中的一棵艺术奇葩，成为艺术与奥林匹克运动结合的重要凝聚点，并已成为历届奥运会必不可少的重要组成部分。

（八）点燃奥林匹克圣火

奥林匹克火炬经接力跑送入体育场，最后一名接力跑运动员沿跑道绕场一周后点燃奥林匹克圣火，该圣火一直到奥林匹克运动会闭幕方可熄灭。圣火点燃仪式历来都是奥运会开幕式上最受关注、最为引人注目的组成部分，作为一个创意行为，点火仪式被看作是整个奥运会开幕式上最具画龙点睛的一笔，是开幕式水准高低的判定标准之一。

（九）运动员代表宣誓

奥运会上的运动员宣誓仪式源于2000多年前的古代奥运会。古希腊人认为，在奥林匹斯山上居住着主宰人间天上一切的宙斯，他们为了能取悦神灵而举行了一个以祭祀众神之王宙斯为主要内容的古代奥运会。在每届古代奥运会举办之前，人们都会在宙斯神像前举行各种庄严肃穆的仪式，其中就有运动员对宙斯神像的宣誓仪式，保证不做违背奥运会规章的事情。现代奥运会开幕式上的宣誓仪式和誓词，是根据现代奥林匹克运动奠基人顾拜旦的建议确定的，目的是约束某些为了猎取荣誉而采取不正当手段的运动员。宣誓仪式的具体过程是：所有代表团的旗手围绕讲台形成半圆形，主办国的一名参赛者登上讲台，左手执奥林匹克旗一角，举右手，宣读庄严誓言："我以全体运动员的名义保证,为了体育的光荣和运动队的荣誉,以真正的体育道德精神参加本届奥林匹克运动会,尊重并遵守运动会各项比赛的规则,致力于一种没有兴奋剂和毒品的运动。"宣誓活动承袭古奥委会习俗,于 1920 年第七届奥运会实施,奥运史上第一位宣誓者为比利时击剑选手波恩。"运动员宣誓使荣誉的观念成为一种奠基石,引导他们走向真理。"

(十)裁判员代表宣誓

裁判员宣誓仪式源于古代奥运会。在古代奥运会举办前的十个月裁判员们集中在宙斯神坛前宣誓,保证公正履行职责,不做枉法裁判。现代奥运会上的裁判员宣誓仪式是在 1968 年冬、夏季奥运会之后开始的。具体过程是:主办国的一名裁判员登上讲台,以同样的方式宣读誓言:"我以全体裁判员和官员的名义,保证以真正的体育道德精神,完全公开地执行本届奥林匹克运动会的职务,尊重并遵守各项指导运动会的各项规则。"

(十一)奏或唱主办国国歌

奏或唱主办国的国歌,各代表团退场,旗手到为他们保留的座位入座。

(十二)大型节目表演

大型节目表演历来都是奥运会开幕式的重头戏,节目既要反映出以和平、团结、友谊为宗旨的奥林匹克精神,也要展现出东道国的民族文化、地方风俗和组织工作的水平,同时还要表达对世界各国来宾的欢迎。

第三节　颁奖仪式

在大型体育赛事期间,一般在每项比赛结束后,都要立即在比赛场地举行隆重的颁奖仪式。无论对获奖的运动员,还是对观众来说,颁奖仪式都是运动会上最令人激动的时刻之一,它不但是对运动员拼搏精神的激励,是对优胜者运动成绩的奖赏,而且也是对优胜者及其所在的团队或所在国家的尊敬,这些仪式更是对运动员、体育工作者及广大体育爱好者进行爱国主义和国际主义教育的最好时机。在国际大赛的颁奖仪式上要升国旗、奏国歌，当举行这些仪式时，观众要全体起立以示尊重。正如顾拜旦所说："在这个世俗化的世纪，有一种信仰可能用来实现世俗化目标——这就是国旗，现代爱国主义的象征。把国旗升上胜利的旗杆以奖励获胜的运动员——这样就继承了古代的崇拜，而不需要重新点燃炉火。"

一、一般运动会颁奖仪式

颁奖仪式的一般程序是这样的：第一，宣布比赛成绩。主席台工作人员依次宣布比赛项目的比赛成绩。第二，优胜者就位。优胜者走到领奖台前面，在大会依次宣布获奖者名字的同时，优胜者依次排列准备领奖。第三，为优胜者颁奖。嘉宾依次为优胜者颁发奖牌或奖杯并握手表示祝贺。第四，奏国歌升国旗，此项常见于国际赛事。奏国歌时全场起立，表示对优胜者及其国家的尊敬。奏国歌、升国旗的颁奖仪式使运动员的个人成就与国家和民族联系起来，增加了体育运动的神圣性和使命感。

二、奥运会颁奖仪式

奥运会的颁奖仪式庄严、隆重而激动人心，是爱国主义和国际主义结合的典范。在奥运会中，任何国家的运动员取得的成就，都是全人类的骄傲，都值得高声喝彩，因此，一百多年来，无论奥运会在哪里举办，每当国歌奏响，国旗冉冉升起之时，在场的观众均肃然起立，他们既是在向优胜者致敬，也是在向人类自己致敬。

奥运会的颁奖仪式必须按照国际奥委会的颁奖礼仪规定来举行。在奥运会期间，奖牌应由国际奥委会主席（或由他选定的委员）在有关的国际单项体育联合会主席（或其代表）陪同下颁发。获得前三名的运动员在领奖时必须身着领奖服，在宣布他们的名字后，依次登上阶梯式领奖台，面向官员席，冠军站在领奖台的最高位置，亚军和第三名次之。升国旗时，冠军代表团的旗帜应从中央旗杆升起，第二名和第三名代表团的旗帜分别从紧靠中央旗杆右侧和左侧的旗杆升起。奏冠军代表团的国歌时，三名奖牌获得者应面向旗帜肃立。

奥林匹克运动通过颁奖等仪式向人们显示世界上各个民族的优秀文化、各国运动员出类拔萃的竞技能力和精神风貌，教育人们尊敬其他国家，避免狭隘的民族中心主义。

第四节　闭幕仪式

闭幕式是全部赛程结束后于体育场内举行的一系列活动仪式，与开幕式突出的庄严、隆重相比，闭幕式则多一些欢乐的气氛。

一、一般运动会闭幕仪式

典型的国内体育赛事闭幕式主要有十项程序：第一，宣布闭幕式开始，主持人宣布闭幕式开始并介绍出席领导和嘉宾；第二，运动员入场，主持人介绍入场的运动员；第三，全体起立，奏唱国歌；第四，宣布比赛成绩；第五，向代表团颁奖；第六，致闭幕词；第七，奏会歌、降会旗、熄灭火炬；第八，会旗交接，东道主送还会旗，下届东道主接会旗；第九，运动员退场；第十，文艺节目表演。

二、奥运会闭幕仪式

（一）进场仪式

各代表团的旗手按开幕式的顺序成一列纵队进场，在他们后面是不分国籍的运动员队伍，旗手在主席台后形成半圆形。

（二）升旗仪式

国际奥委会主席和当届奥运会组委会主席登上主席台，希腊国旗从中央旗杆右侧的旗杆升起，主办国国旗从中央旗杆升起，下届奥运会主办国的国旗从左侧旗杆升起。

(三)交旗仪式

本届主办城市市长将会旗交给国际奥委会主席,再由国际奥委会主席把会旗交给下届奥运会主办城市市长。

(四)致闭幕词

奥运会组委会主席讲话,国际奥委会主席致闭幕词。

(五)退场仪式

在鼓号声中奥林匹克圣火熄灭,与奏奥林匹克圣歌的同时,奥林匹克旗从旗杆上徐徐降下,并以水平展开形式送出运动场,旗手紧随其后退场,同时奏响欢送乐曲,各代表团退场,最后,进行精彩的文艺节目表演。

第十章　体育运动标识

体育运动标识是体育运动会的视觉形象，包括运动会会旗、会徽、吉祥物、宣传画等。这些体育标识往往用流畅的线条、简洁的设计表达丰富的文化内涵，能够形象地体现运动会的价值取向和精神面貌。体育标识的共同特征是：富有象征意义，具有极强的时代性和鲜明的民族特色以及新颖的艺术独创性。体育标识是运动会独特的礼仪语言，也是运动会留给人们的宝贵财富。

第一节　会　旗

自从1913年顾拜旦构思和设计制作奥林匹克运动会会旗以来，目前国内外各种形式的运动会都有自己独特的会旗，它是某类运动会的专用标志和永久象征。会旗图案一般造型优美，色彩明快，具有鲜明的象征意义和体育特色。会旗的放置地点代表着运动会的举办地点，会旗的交接仪式标志着一届运动会周期的开始。

不同形式的运动会会旗都各具特色而且主旨鲜明，最富有象征性和感召力的运动会会旗当属国际奥林匹克运动会会旗。奥运会会旗为长方形，长3米，宽2米，以白色为底，象征纯洁；旗中央有五个相互套连的圆环，环的颜色自左至右为蓝、黄、黑、绿、红，五环中蓝环位置最高，靠近旗杆，最初的解释是五种颜色代表所有国家国旗颜色，后来又解释为五个不同颜色的圆环分别象征着五大洲，天蓝色为欧洲、黄色为亚洲、绿色为澳洲、红色为美洲、黑色为非洲，这种解释一直在全世界广为流传。1979年6月，国际奥委会正式宣布了会旗和五个环的含义：根据《奥林匹克宪章》，奥林匹克旗帜和五个圆环的含义是象征五大洲的团结,以及全世界运动员以公正、坦率的比赛和友好的精神在奥运会上相见。

运动会会旗交接仪式在上一届运动会闭幕式上举行,会旗交接仪式隆重而热烈,届时运动会委员会主席从刚结束一届运动会主办城市的市长手中收回旗帜,再转送给下一届主办城市的市长。该会旗将会保存在下一届主办市市政府直到再送交给下届主办城市。

第二节　会　徽

运动会会徽是一届运动会的徽记。每一届运动会的组委会都要为所举办的运动会设计会徽,会徽是一届运动会形象景观的核心,它不仅要表现出蓬勃向上的体育精神,也要反映出举办者所特有的诸如历史、地理、民族文化传统等特征。

历届现代奥运会(包括冬季奥运会)会徽是奥运会最有权威性的形象标志,是当今世界最为人注目的主题标志。会徽设计大都简洁抽象而富有艺术性,意蕴深刻。从以下历届奥运会会徽可以看出,会徽已经成了一个具有历史纪念意义的标志。

1896 年希腊雅典第一届奥运会会徽

1896 年,雅典开创性地举办了第一届现代奥运会。原本首届奥运会既没有会徽也没有招贴画,这幅画是雅典奥委会向国际奥委会提交的报告的封面,后来被用来代表本届奥运会会徽。雄浑的雅典卫城,手执橄榄枝的雅典娜女神,深嵌的马蹄印。展现在世界面前的奥运会徽古铜色的浮雕散发着浓厚的古希腊气息。左上方公元前 776—1896 的字样表示现代奥运会与古代奥运会一脉相承的关系。

1900 年法国巴黎第二届奥运会会徽

1900 年巴黎奥运会会徽的主体是一位身着传统法国骑士服装的女性,右手高举法国的三件传统兵器一花剑、佩剑和重剑,设计简单,却充满了法国味道。

从这届奥运会起，女性开始走进了奥林匹克大家庭，参加第二届奥运会会徽了表演项目的比赛。

1904 年美国圣路易斯第三届奥运会会徽

1904 年，第三届奥运会在美国的圣路易斯举行，会徽通过采用“鱼眼”特技展示了主办城市的风貌。由于举办较早，当时的会徽还是通过世界博览会宣传海报的方式出现的。

1906 年意大利维苏威火山的爆发，使原本定于罗马举行的 1908 年奥运会临时易地伦敦举办，而伦敦奥运会却为人们奉献上了现代奥运史上第一个开幕式。1908 年伦敦奥运会的会徽体现出浓郁的时代风格，跳高运动员的服装，跳高姿势以及身后的煤渣跑道和运动场中间的游泳池，都有着当时的烙印。

1912 年瑞典斯德哥尔摩第五届奥运会会徽

地处北欧的瑞典和芬兰是现代体育开展较早的国家。历史上它们各自举办了一届夏季奥运会，在会徽中充分体现了北欧人的健美与活力。1912 年瑞典斯德哥尔摩奥运会的会徽图案浓缩了各国运动员对奥林匹克运动的向往之情：它描述了一队身形矫健的奥运选手，挥动着各自国家旗帜奔向奥林匹克赛场的情景。从中我们能隐隐嗅到古代奥运的气息。

1920 年比利时安特卫普第七届奥运会会徽

1920 年，奥运会选择了比利时一个历史悠久的港口城市、欧洲最繁荣的商业和艺术城市安特卫普作为主办城市。比利时安特卫普奥运会会徽右上方是主办城市的盾形徽章，中间手执铁饼、健壮的半裸男子，让人想起古代奥运会。会徽背景是安特卫普著名的城塔。会徽中，参加国的国旗在一起飞卷飘扬，象征着五大洲团结在一起。

1924 年法国巴黎第八届奥运会会徽

1924 年巴黎奥运会会徽的主体是巴黎城的盾形城徽，中间配以一艘在大海中航行的古帆船，同时附有“第八届奥林匹亚德巴黎 1924”和“法国奥委会”的文字说明。从严格意义上讲，这是现代奥运史上的第一枚会徽，从此奥运会的会徽和招贴画正式分开。

1928 年荷兰阿姆斯特丹第九届奥运会会徽

阿姆斯特丹奥运会会徽融入了更多现代因素。蓝色的背景上，一名长跑运动员高举象征胜利的白色月桂枝。会徽底部飘扬着荷兰国旗色红、白、蓝三色波浪。会徽创造性地将荷兰、运动、胜利、奥林匹克等元素融为一体。

1932 年美国洛杉矶第十届奥运会会徽

1932 年的洛杉矶奥运会会徽的主体 1932 是东道主美国的国旗，奥运五环标志居于会徽正中，代表胜利的月桂枝穿梭其间，更快、更高、更强的奥林匹克精神首次出现在了奥运会徽中，充分展示了美国人所追求的美国精神。

1936 年德国柏林第十一届奥运会会徽

1936 年的奥运会址选择柏林是一个历史的错误，纳粹德国借奥运粉饰和平，蒙蔽世界。其会徽充满了霸权，一座奥林匹克钟里，奥运五环上矗立着一只象征阶级的鹰，勃兰登堡之门是柏林的象征。鹰爪下的五环和圣火以及誓言都是柏林奥运强权的符号。

1948 年英国伦敦第十四届奥运会会徽

1948 年，世界还处在二战后的恢复时期，人们对在这一时期是否需要举行体育盛会争论不休，但 1948 年伦敦奥运会最终却大受欢迎，它给深受战争创伤的人们以巨大的精神安慰。该届奥运会会徽的前景部分为奥林匹克五环标志，议会大楼的钟楼是会徽的主要构成，这个著名的“大本钟”的指针指向四点，这是计划中的开幕式时间。

1952 年芬兰赫尔辛基第十五届奥运会会徽

1952 年芬兰赫尔辛基奥运会会徽图案的设计简洁而清晰，主要表现了奥运主会场的标志性建筑“奥运塔楼”和“奥运五环”，意味着光辉的奥林匹克来到了“千湖之国”芬兰；同时，世人也能感悟到芬兰人对奥运的那份深深的敬仰和渴望之情。

1956 年澳大利亚墨尔本第十六届奥运会会徽

绿色和环保是澳大利亚留给每个人最深刻的印象。1956 年的墨尔本奥运会会徽采用单一绿色，会徽主体是一个矗立在澳大利亚版图上燃烧着的熊熊火炬，火炬的上前方是奥林匹克的标志——五环，会徽的底部是“墨尔本 1956”字样，并向两侧延伸成为象征着胜利的月桂枝。

1960 年意大利罗马第十七届奥运会会徽

罗马奥运会会徽采用了罗马城徽的标志，标志上是一只母狼在哺乳两个婴儿的奇特图案。母狼哺乳的两个婴儿中的一个，就是传说中的罗马城第一任国王罗慕路。会徽居中几个大大的字母是拉丁文“1960”的意思，可见罗马城徽是古罗马历史文化的高度浓缩。

1964 年日本东京第十八届奥运会会徽

1964 年，奥林匹克的光芒首次普照亚细亚大地，在会徽的设计中体现出了东方古老文明的神韵。1964 年东京奥运会会徽为置于日本国旗前的奥林匹克标志，它象征奥林匹克就像一轮冉冉升起的红日，而一轮红日下的奥运五环标志，采用了金色，有别于传统的五环颜色。

1968 年墨西哥墨西哥城第十九届奥运会会徽

墨西哥城是历史悠久的世界名城，被称作壁画之都，市内建筑物墙壁上处处可见气势磅礴、色彩绚丽的壁画，本届奥运会会徽的创作灵感就来源于丰富的壁画素材。会徽由来自奥运组委会、墨西哥和美国的三位艺术家协作完成，会徽创造性地使用了黑白两色，将彩色的奥运五环标志和墨西哥的英文字样与传统壁画图形巧妙地融为一体，让人联想到古老的印第安图案，同时墨西哥的每个字母或者环形，或者直线，又像运动场的跑道。会徽的设计简洁而丰富，单一却深刻，强烈的墨西哥民族风格给人留下了深刻印象。

1972 年德国慕尼黑第二十届奥运会会徽

慕尼黑会徽设计只有黑白两种色彩，具有抽象性，主体部分是一顶光芒四射的桂冠，喻意着慕尼黑奥运会的主体精神——光明、清新、崇高，象征着一个

“光芒四射的慕尼黑”。

1976 年加拿大蒙特利尔第二十一届奥运会会徽

奥林匹克领奖台和五环的组合构成了 1976 年加拿大蒙特利尔奥运会会徽的主体,而领奖台与五环的一部分又构成了三个田径跑道的图案,巧妙的是领奖台同时是变形的美术字 M,代表了主办城市的名字。这届奥运会尽管办得比较成功,但其窘迫的财政状况也给未来的东道主以及奥林匹克运动提出了新的课题。

1980 年苏联莫斯科第二十二届奥运会会徽

1980 年莫斯科奥运会会徽在五环上面五条平行线呈金字塔形垂直排列,象征奥林匹克更快、更高、更强的精神,同时也体现了莫斯科的城市建筑风格,顶部的五角星取材于苏联的国旗。整个标志以耀眼的红色呈现出强烈的视觉冲击力。

1984 美国洛杉矶第二十三届奥运会会徽

1984 年的洛杉矶奥运会会徽是“运行之星”。图案主体为五角星,象征着人类的最高愿望,画面 13 条横虚线,使星显出运行状态,既寓意生命不停地运动,不停地进取,又象征美国独立时的 13 个州。图案主体的红白蓝三色,是美国国旗的三种颜色。

1988 年韩国汉城第二十届奥运会会徽

1988 年汉城奥运会会徽的设计充分体现了传统韩国文化的精髓,整个图案具有鲜明的韩国民族特色。会徽由蓝、红、黄三色呈漩涡状的条纹和象征奥林匹克的五色环组成,三种颜色代表天、地、人“三元一体”的哲学意义,动态的条纹,意指生生不息的体育运动,旋转向上以示和谐进步。会徽中向内心的动态,比喻来自五大洲的选手走到一起;而外离心的动态,则寓意着通过奥林匹克的崇高精神,走向相互了解和世界进步。

1992 年西班牙巴塞罗那第二十届奥运会会徽

1992 年巴塞罗那奥运会会徽充满活力。上半部由蓝、黄、红色一点和两个弯曲的线条组成，红、黄、蓝三大色块象征着地中海文化的三个永恒主题：太阳、生命、大海，一点两线既象征大地、天空，又构成了一个人的运动状态，似跑似跳。图案代表了巴塞罗那悠久的文化和现代化建设的生命活力，还可理解为巴塞罗那人正张开双臂迎接来自五大洲的客人。

1996 年美国亚特兰大第二十六届奥运会会徽

1996 年是现代奥运百年诞辰，这一年在美国亚特兰大举行的第二十六届奥运会实现了奥运家庭的大团圆。会徽主体部分是一个火炬，火炬的底部由五环和阿拉伯数字 100 构成，纪念奥运会已经走过百年历史，而火炬的上半部由火焰变成的星星象征每一位运动员的卓越追求，会徽中的金色象征着金牌，绿色象征着亚特兰大的城市之树——月桂枝。

2000 年澳大利亚悉尼第二十七届奥运会会徽

2000 年悉尼奥运会的会徽——“新世纪运动员”是一个运动员正奔向新世纪的形象。由上至下不难看出悉尼歌剧院的外形曲线被用来表示火炬，而太阳、岩石及土著的回旋标的图形则被用来塑造运动员的头、手及腹部。整个会徽的色彩语言极具象征意义：蓝色的海港、黄色的太阳和沙滩以及红色的内陆土地，突出了澳大利亚本土文化的独特性。

2004 年希腊雅典第二十八届奥运会会徽

1896 年的雅典会徽给人的印象是具体、写实的，一个世纪后，雅典人又有了新的创造，这就是 2004 年雅典奥运会会徽，简单而抽象，明亮而纯净。蓝色和白色两种颜色是如此和谐地统一在一起，作为欧洲古代文明发源地的雅典，似乎分外青睐橄榄枝，围成圆形的白色橄榄枝是和平的象征，同时也体现着现代雅典对全世界的包容性。

2008 年中国北京第二十九届奥运会会徽

北京奥运会会徽名为“中国印·舞动的北京”。会徽将肖形印、中国字和奥运五环有机地结合起来，巧妙地幻化成一个向前奔跑，舞动着迎接胜利的运动人形，表达北京热情张开双臂欢迎世界各国朋友到来的情感，充满青春活力。

图案似印非印,似“京”非“京”,潇洒飘逸,充满张力,寓意舞动的北京。会徽中具有的中国精神、中国气派、中国神韵的汉文化符号,象征着开放、充满活力、具有美好前景的中国形象,体现了新北京、新奥运的理念和绿色奥运、科技奥运、人文奥运的内涵,再现了奥林匹克“友谊、和平、进步”,“更快、更高、更强”的精神。

第三节　吉祥物

吉祥物一词,源于法国普罗旺斯语 Mascotto,直到 19 世纪末才被正式以 Mascotte 的拼写收入法文词典,英文 Mascot 由此衍变而来,意为能带来吉祥与好运的人、动物或东西。运动会吉祥物多数是东道主熟悉的或者外国人了解的东道主特有的动物形象,以卡通形式来传达一届运动会的举办理念、主办城市的历史文化和人文精神,是一届运动会的独特标志和最有代表意义的纪念品和礼物。吉祥物是传播奥林匹克精神的重要载体,其作用是所有运动会标识中的其他形象所无法比拟的。

在体育运动史上,吉祥物第一次出现在 1968 年法国格勒诺布尔冬季奥运会,此后吉祥物就成为构成历届运动会形象特征的主要成分。

1968 年法国格勒诺布尔动机奥运会吉祥物 Schuss(舒斯)

舒斯的生日,是 1968 年的冬奥会。它是一个充满动感的滑雪小人,虽然其身份是非官方的,但因开创了奥运会吉祥物的先河而在出生之时备受欢迎。不过,舒斯变换的形象并不多,它只出现在胸针和小玩具中,而没有像后来的吉祥物们一样,被制作成毛绒玩具。

1972 年德国慕尼黑夏季奥运会吉祥物 Waldi(瓦尔迪)

可爱的 Wddi(瓦尔迪)是一只短腿长身的德国纯种猎犬,代表着运动员坚韧、坚持和敏捷的特性。这个大耳朵、身长腿短的小精灵出现在 1972 年德国慕尼黑夏季奥运会上,它的头和尾巴是浅蓝色的,身体用蓝、绿、红、橙、紫的五色带围成,象征奥林匹克运动。Waldi(瓦尔迪)是历史上第一个官方的奥运会纪念物,其设计与应用对奥运会的发展起到了非常重要的作用。后来,Waldi(瓦尔迪)被生产成为各种形式和尺寸的纪念品:长毛绒、塑料玩具、纽扣等等,作为一种文化形式而流传至今。

1976 年加食大加拿大蒙特利尔夏季奥运会 Amik(亚米克)

Amik(亚米克)是加拿大阿尔根金族印第安人对海狸的称呼。海狸获选为吉祥物,原因是它代表友谊、耐心、宽容以及勤奋工作,与加拿亚米克大民族文化紧密相连。红色的腰带代表奥运会奖牌上的缎带,意指争取奖牌需要勤奋训练,也指在奥运会中赢得友谊。

1980 年莫斯科夏季奥运会吉祥物 Misha(米沙)

这届奥运会的吉祥物是一只名叫米沙的俄罗斯熊,由著名的儿童书籍插图画家维克多切兹可夫花了 6 个多月时间,从 100 多幅各种各样的漫画熊中挑选出来、进行再设计而成的。米沙小熊是俄罗斯的代表性动物,其可爱的造型体现了合作、热情、开放的文化特点。米沙被赋予传播奥林匹克精神到世界各地的使命,甚至还跟两个太空人上了太空,展现的是俄罗斯民族对高科技的不断追求。米沙小熊在莫斯科奥运会期间被用在诸如毛绒玩具、瓷器、塑料制品、玻璃器皿等上百种纪念品上,而且还被印制成了邮票。

1984 年美国洛杉矶夏季奥运会吉祥物 Sam(山姆)

名为山姆的老鹰以美国星条旗为背景,穿着代表美国传奇人物(山姆大叔)的服装,具有十足的美国风味。鹰是美国的象征,蕴含着美国人好强、超越自我、不断拼搏的文化特点。山姆鹰由迪士尼所设计,吉祥物被商业化利用从此届奥运会开始。

1984 年萨拉热窝动机奥运会吉祥物 Vucho(武科)

武科是一只勇敢无畏的狼,它到世界各地宣传奥运,传递过程中还登上高山,甚至骑着骆驼越过沙漠。武科改变了人们对狼的看法,表达出人与动物互为朋友的意思。

1988 年韩国汉城夏季奥运会吉祥物 Hodori(虎多力)

韩国人选择较具东方色彩的小老虎作为汉城奥运会的吉祥物,取名为虎多力。虎多力被设计成为一只友善的动物,代表了韩国人热情好客的传统。Ho 来自韩语的虎,而 Dori 是韩国人对小男孩常用的一种爱称。奥林匹克五环标志被装饰在小老虎的脖子上,头戴一种来自韩国农村传统舞蹈的帽子,帽子上的 S 代表了汉城。它的设计很好地融入了韩国的本土文化和地域风情。

1988 年加拿大卡尔加里冬季奥运会吉祥物 Hidy 和 Howdy

吉祥物由两只拟人化的北极熊组成,分别命名为 Hidy 及 Howdy,名字传达出加拿大人的热情与欢迎(Hi,Hello)。两只北极熊穿上牛仔装成队出现,这也是奥运会吉祥物首次以成队出现的方式呈现在世人面前。

1992 年西班牙巴塞罗那夏季奥运会吉祥物 Cobi

吉祥物是一只既像山羊又像狗的动物,取名为 Cobi。组委会为了宣传奥运会,在西班牙的电视里特地为它制作连续剧。这个由西班牙漫画家扎维尔·玛瑞斯克设计的小狗 Cobi 一开始并未被西班牙人普遍接受,但随着奥运会的结束,Cobi 慢慢地流行了起来,并且逐渐受到了西班牙人和世界人们的喜爱。

1992 年法国阿尔波特城冬季奥运会吉祥物 Magique

吉祥物的设计及命名都以小孩为主角,这个以星形为设计重点的吉祥物,取名为“冰上精灵”Magique。

1994 年挪威利勒哈默尔冬季奥运会吉祥物 Hakon 和 Kristin

吉祥物来自挪威童话故事的两个主角,并以故事中的两个孩子 Hakon 和 Kristin 命名,使得这届奥运会的吉祥物与历届奥运会不同,充满故事性。

1996 年美国亚特兰大夏季奥运会吉祥物 Izzy

吉祥物“Izzy”是第一个用电脑制作出的吉祥物。它是一个幻想出来的生物,被起名叫作“Izzy”。这个名字来源于“Whatizit”,因为没有人能看出它到底像什么。在 1992 年巴塞罗那奥运会结束以后它改变了几次形象,最后它得到了一张嘴,并在眼睛上增加了闪亮的星星,同时原先细长的腿上增加了肌肉,脸上也长出了鼻子。

1998 年日本长野冬季奥运会吉祥物 Sukki, Nokki, Lekki, Tsukki

日本人选择四只小猫头鹰作为吉祥物,这是首次以四只动物做吉祥物的奥运会。四个吉祥物取名为 Snowlets,每个都还有不同的名字,分别取名为 Sukki, Nokki, Lekki, Tsukki,代表火、风、地和水四个不同的森林生命组成要素,而四个名字的英文字头加起来正好拼成 Snowlet。

2000 年澳大利亚悉尼夏季奥运会吉祥物 Syd、Olly 和 Millie

该届奥运会吉祥物是 Ollie、Syd 和 Millie 的组合体。其中 Ollie 是一只笑翠鸟,Syd 是一头鸭嘴兽,而 Millie 是一只针鼹鼠。Ollie 代表了奥林匹克的博大精深(来自奥林匹克);Syd 表现了澳洲和澳洲人民的精神与活力(来自悉尼);Millie 是一个信息领袖,在它的指尖上有资料和数据(来自千禧年)。吉祥物是三个澳洲本土动物,分别代表着土地、空气和水,结合起来既体现了澳大利亚的民族文化特色,又与奥林匹克相吻合。

2002 年美国盐湖冬季奥运会吉祥物雪靴兔 Power、北美草原小狼 Copper 和美洲黑熊 Coal

吉祥物代表了奥林匹克运动会更快、更高、更强的格言。

2004 年希腊雅典夏季奥运会吉祥物 Athena(雅典娜)和 Phevos(费沃斯)

吉祥物是根据古希腊陶土雕塑玩偶"达伊达拉"为原型设计的两个被命名为雅典娜和费沃斯的娃娃。他们长着大脚丫,长长的脖子,小小的脑袋,一个穿着深黄色衣服,一个穿着深蓝色衣服,头和脚为金黄色,十分可爱。根据希腊神话故事记载,雅典娜和费沃斯是兄妹俩。雅典娜是智慧女神,希腊首都雅典的名字由此而来。费沃斯则是光明与音乐之神。雅典娜和费沃斯代表了希腊民族,代表了体现合作、公平竞争、友谊和平等的奥运精神,同时体现了雅典奥运会的四个核心价值:遗产、参与、庆典和人类本身。

2008 年中国北京夏季奥运会吉祥物福娃

"福娃"是五个可爱的亲密小伙伴,他们的造型融入了鱼、大熊猫、藏羚羊、燕子以及奥林匹克圣火的形象，蕴含着与海洋、森林、火、大地和天空的联系，其形象设计应用了中国传统艺术的表现方式，展现了中国的灿烂文化。每个娃娃都有一个朗朗上口的名字："贝贝""晶晶""欢欢""迎迎"和"妮妮"，在中国，叠音名字是对孩子表达喜爱的一种传统方式，当把五个娃娃的名字连在一起，就会读出北京对世界的盛情邀请"北京欢迎您"。"福娃"向世界各地的人们传递的是友谊、和平、积极进取的精神和人与自然和谐相处的美好愿望。

第四节　项目图案与宣传画

项目图案一般出现在国际奥林匹克运动会的标识中。现代奥运会创立以来，每届奥运会均推出个性鲜明的项目图案。奥运会的项目图案为运动项目的象形图案，图案采用平面化和线条化设计，着色简单明朗。这种直观的简明标识，不仅扫除了人们之间的语言障碍，方便了国际体育盛会的组织工作，而且成为一种特殊的体育文化标识。

奥运会项目图案是奥运会基础形象元素之一，广泛应用于奥运会道路指示系统、场馆内外的标示和装饰、赛时运动员和观众参赛和观赛指南等，同时还应用于奥运会电视转播、广告宣传、市场开发等，丰富人们的奥运会体验。奥运会项目图案是构成一届奥运会景观的重要基础形象元素，它不仅具有很强的功能性，也是传达奥运会举办理念和主办国文化的重要载体。如北京2008年奥运会项目图案以篆字笔画为基本形式，融合了中国古代甲骨文、金文等文字的象形意趣和现代图形的简化特征，符合体育图标易识别、易记忆、易使用的要求。强烈的黑白对比效果的巧妙运用，使北京奥运会体育图标显示出了鲜明的运动特征、优雅的运动美感和丰富的文化内涵，达到了"形"与"意"的和谐与统一。

运动会宣传画是以宣传运动会和运动会思想为目的而印制的招贴画。

运动会宣传画一般都印有运动会会徽和有关标识，还常常配有介绍运动会主办国或城市的自然风光、经济发展和传统文化的文字或图案，也有以运动员占据画面的中心宣传模式。宣传画一般带有比赛海报的性质,来传布个别运动项目的比赛消息(如时间、地点等)。运动会宣传画广泛张贴于主办城市的街巷、商店和其他城市,能大大增加运动会的气氛和吸引人们对运动会的关注。

历史上第一份运动会宣传画是雅典为迎接第一届奥运会而印制的。1900年在第二届奥运会期间,巴黎还发行了印有运动员照片和说明词的海报性宣传画。最初几届奥运会的宣传画不仅种类少,印数也不大,一般 2000~3000 份。后来,历届奥运会不仅宣传画发行量大增,而且还出现了奥运会画片、画册和明信片等。

参考文献

［1］ 汤铭新.奥运百周年发展史［M］.台北:中国台北奥林匹克委员会,1996.

［2］ 范益思,丁忠元.古代奥林匹克运动会［M］.济南:山东教育出版社,1982.

［3］ 陈国庆.中华儒家精神［M］.兰州:西北大学出版社,1999.

［4］ 李斌.国际礼仪与交际礼节［M］.北京:世界知识出版社,1982.

［5］ 胡锐.现代礼仪教程［M］.杭州:浙江大学出版社,1995.

［6］ 何春晖,彭波.现代社交礼仪［M］.杭州:浙江大学出版社,1995.

［7］ 麻美英.现代实用礼仪［M］.杭州:浙江大学出版社,2002.

［8］ 杨学斌.中华人民共和国体育政策法规与标准规范汇编［M］.北京:中科多媒体电子出版社,2005.

［9］ 顾拜旦.奥林匹克理想:顾拜旦文选［M］.北京:奥林匹克出版社,1993.

［10］ 谢亚龙.奥林匹克研究［M］.北京:北京体育大学出版社,1994.

［11］ 梁丽娟.何振梁与奥林匹克［M］.北京:奥林匹克出版社,2000.

［12］ 官杉.人类远古的活迹［M］.北京:首都师范大学出版社,1996.

［13］ 李丽.会展服务礼仪规范［M］.长沙:湖南科学技术出版社,2005.

［14］ 于可红,金福春.体育文化概论［M］.北京:高等教育出版社,2004.

［15］ 张振亭.光荣与梦想［M］.北京:中国文联出版公司,1997.

［16］ 李诚志.教练员训练指南［M］.北京:人民体育出版社,1992.

［17］ 魏大鸿.运动员之路［M］.武汉:华中师范大学出版社,1986.

［18］ 谢亚龙.奥林匹克研究［M］.北京:北京体育大学出版社,1994.